Klaus Kellner

Bremisches Wörterbuch

Was man in Bremen so sacht

Vergnügliche Erläuterungen

Kellner Verlag
Bremen Boston

Über den Autor und seine vielen Helfer/innen

Klaus Kellner ist gebürtiger Bremer, Jahrgang 1946, hat die meiste Zeit in seiner Heimatstadt gelebt und hier als Bierbrauer, Gewerkschaftssekretär, Autor und Verleger gearbeitet. Sein natürliches Interesse gilt deshalb dem bremischen Wesen und dem hiesigen Dialekt, der anders als die anderen ›Landessprachen‹, wie das Badische, Bayrische, Berlinerische, Fränkische, Hamburgische, Hessische, Mecklenburgische, Niedersächsische, Rheinische, Rheinland-Pfälzische, Saarländische, Sächsische, Schleswig-Holsteinische, Thüringische, Westfälische, Württembergische usw., bundesweit noch zu wenig bekannt ist.

Die bremischen Worte, Begriffe und Redewendungen wurden vom Autor seit etlichen Jahren zusammengetragen sowie mit den typischen und traditionellen Gebräuchen bebildert ergänzt.

Viele Bremer/innen haben mit zahlreichen Hinweisen das rund 800 Begriffe umfassende Verzeichnis abgerundet. Gleichwohl ist es nicht komplett, weshalb alle Leser/innen gebeten werden, dem Kellner-Verlag jederzeit zusätzliche Schnacks mitzuteilen, die in der nächsten Auflage eingefügt werden sollen. *Herzlichen Dank.*

St.-Pauli-Deich 3, 28199 Bremen
Telefon: 0421-77 8 66, Telefax: -70 40 58
info@kellnerverlag.de, www.kellnerverlag.de
Gestaltung: Designbüro Möhlenkamp, Bremen
ISBN 978-3-939928-55-3

Inhaltsverzeichnis

Einführung in die bremischen Obliegenheiten

›Hascha – Bischa – Dascha – Muscha‹

Bremisch ist keine tote Sprache, sondern ein aktuell gesprochener Dialekt, den Fachleute als Regiolekt bezeichnen. Dabei handelt es sich um einzelne Wörter sowie Redewendungen in der speziellen Bremer Mundart. Nach dem Zweiten Weltkrieg wurde vermehrt begonnen, Hochdeutsch zu sprechen, weshalb das ›Stolpern übern spitzen Stein‹ seltener zu hören ist. Die Sehzeiten des Fernsehens (in hochdeutscher Sprache) hinterlassen deutliche Spuren. Dennoch wird jede/r beim Blättern hierin feststellen, dass weiterhin überraschend viel Bremisch gesprochen wird, auch von jüngeren Leuten. Die bremische Mundart ist gekennzeichnet durch eine etwas ›verwaschene‹ Aussprache. Es wird oftmals genuschelt, zudem werden gerne Buchstaben und Wort-Endungen ›verschluckt‹. Eine charmante Bremer Sprach-Spezialität ist zudem das Anhängen eines **s**, wenn die Mehrzahl gemeint ist, wie z. B. bei: Seemänners, Skifahrers oder Häusers.

Die Überschneidungen mit dem Plattdeutschen sind vielfältig und manche Wörter werden im bremischen Dialekt sowie im Plattdeutschen in der weiteren Bremer Umgebung verwendet. Diese Sammlung mit rund 800 Begriffen ist deshalb weder vollständig noch entspricht sie streng wissenschaftlichen Maßstäben; es sind ehemals und aktuell gesprochene bremische Schnacks. Ein besonderes Vergnügen bietet dieses Werk für altgediente Bremer/innen, die hierin längst vergessene Begriffe aus ihrer Jugendzeit wiederfinden und die diese Sammlung sogar noch ergänzen können. *Siehe letzte Seite.*

Bremen ist eine traditionsreiche Stadt der Seefahrt und des Handels, aber auch der Industrie und des Handwerks. Die in den unterschiedlichen Bereichen tätigen Arbeiter, Angestellten und Beamten haben die bremischen Schnacks geprägt und von vielen Zugewanderten wurden einzelne Begriffe gerne übernommen, denn die bremischen Eigenarten des Wohnens und des angenehmen Umgangs miteinander veranlassen viele Neubremer, sich hier bald heimisch zu fühlen. Bremer/innen äußern sich selbstbewusst mit dem entlehnten Motto:

Wir können alles – auch Bremisch!

A

Absacker
das hoffentlich letzte Getränk einer langen Nacht

ab (alle) sein
erschöpft sein: Ich bin völlig alle/ab

ab in Plüsch
Fernsehabend im Morgenmantel

ab-asig
unklug, übermütig

Abendfleutjepieper
Schwarzdrossel

abkriegen
etwas abbekommen

abrackern
sich überarbeiten

ach nee
Erstaunen, erstaunlich

afbuddeln
ertrinken, betrinken, auch Schiffsuntergang

afgeuhlt
ausgeschimpft

afkatern
absprechen

Ahnwär
Unwetter

ahnweten sin
unwissend sein

Akschen
Kurzname der ehemaligen A. G. Weser, Vereinigung der Werftarbeiter ›Use Akschen‹ – Unsere Aktiengesellschaft

A'leit
Bremisch kurz für Adelheid, derzeit seltener Vorname

all wedder
immer wieder oder schon wieder

all
schon

all'ns 'n büschen feiner/gediegen
alles etwas feiner

all'ns verfumfeit
alles verschleudert

Altbremer Haus
spezielle Bauweise mit Souterrain

amang
dazwischen

Anbiet, Anbiethalle
Pause, Pausenraum im Hafen. Pause heißt auch ›Fofftein‹ – Fünfzehn (Minuten)

anblaffen
barsches Ansprechen, anschnauzen

anjappern
anstarren; unverschämt ins Gesicht sehen

anken
stöhnen

anködeln
sich einschleimen, um Aufmerksamkeit ›betteln‹

anne
an der ...

anners denn
ansonsten, anderenfalls, es sei denn

anplünnen/anplünnern
sich ankleiden, ›stadtfein‹ machen; ›plünnerich‹ ist unordentlich

ans Liegen kommen
bettlägerig werden; Schwangere werden vor dem Entbindungstermin gefragt: ›Wann kommste denn zu liegen?‹

anschnacken
Unwahres einreden wollen

antern
antworten

antuffeln
Hausschuhe anziehen

anwecken
bedeutet telefonieren/anrufen

auf Letzte liegen
todkrank sein – ›Weischa, Tanne Olga liecht nu aufs Letzte in ihr'n Heim.‹

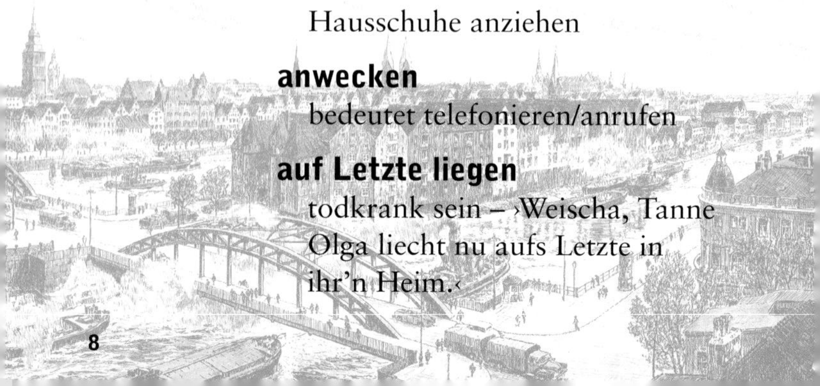

auf Strumpfsocken
auf Strümpfen, ohne Schuhe, unterwegs sein

auf Talje gehen
bei schönem Wetter ohne Jacke oder Mantel ausgehen

aufe Ferdestraße
auf der Fahrbahn verkehrten früher Pferdefuhrwerke, was eine enorme Gefahr bedeutete

auffer
auf der ...

auf'n Bulten
packen/schütten; auf den Haufen/Stapel legen

auf'n Glitsch gehen
sich amüsieren gehen; auch ›Wir gehen auf'n Swutsch.‹ Eine Glitsche ist eine Eisbahn, auf der sich gut rutschen lässt

auf'n Tüsch kriegen
›Kannst Du mal was auf'n Tüsch kriegen?‹ Aufforderung, den Tisch zu decken. Zum abräumen wird gesagt: ›Kannst Du mal den Tüsch abkriegen?‹

aufstunns
jetzt sofort

ausse Potten
›Min Djung, geh so bums ausse Potten un zieh was anners an.‹ Sofort ins Haus gehen und saubere Kleidung anziehen

ausverschämt
unverschämt

avangs
vorwärts, Beeilung

B

Babbel
Bremisch für Mund. Daher hat die bremische Zuckerstange ihren Namen: Babbeler. Lutschstange aus Sirup und Pfefferminz. Wer zu viel redet, ist eine **Babbelschnute** oder ein **Babbelkopp**

Backen
Wangen

backen
zusammenkleben

backich
klebrig, schmierig – ›Backich vonne Marmelade.‹

Backs
auch Bax: meint Ohrfeige, auch Backpfeife. ›Du kriegs 'nen Backs.‹

Baksbeern
meint diverse Sachen, Kram oder Klimbim, der herumliegt. ›Baksbeern zusammenpacken‹

Baljenraker, Muurklacks
Maurer

balkendüster
sehr dunkel

ballern
kräftig zuschlagen, laut knallen, poltern, viel Alkohol trinken

Bambüdel
volkstümlicher Name des Kaufhauses von Julius Bamberger: Der jüdische Kaufmann war sehr beliebt. Bamberger floh 1937 vor den Nazis in die USA und starb dort 1952. Heute ist das restaurierte Bamberger-Haus Hauptsitz der Bremer Volkshochschule

Bammel
Angst haben

Bangbüx
Angsthase

bange
ängstlich sein

bannich
tüchtig, gewaltig, heftig – ›Hier ist bannich was los.‹

Bark
Birke

basig, bosig
tüchtig, stark, kräftig

Baßkier
tüchtiger, kräftiger Bursche

bätsch
bissig, albern sein

bedrabbelt, benaut
beklommen

Bedreeger
Betrüger

Beerdigungskuchen
Butterkuchen

begäng
üblich

begöschen
beruhigen

begrabbeln
anfassen, betasten

beholen
sich merken

bei der is was unterwegns
sie ist schwanger

beier
Kurzform für: bei der

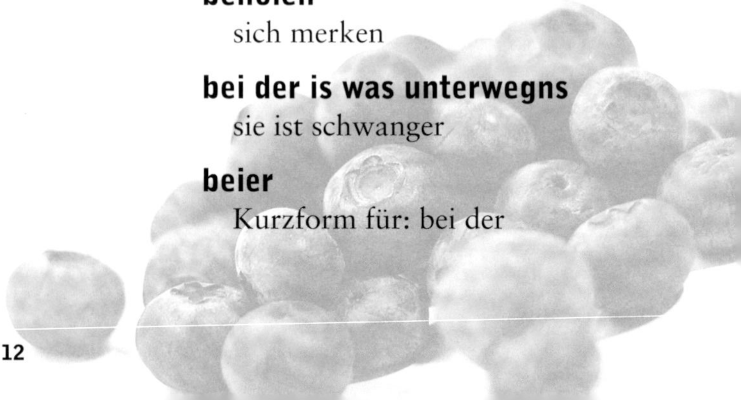

beigehn
eine Angelegenheit regeln;
als Verneinung: ›Da muscha nicht beigehn.‹ – Daran darfst du nichts ändern

beipuhlen/verpuhlen
jemandem Übles wollen

beizu
dazu, daneben, vorbei
Beizu verdienen: Nebentätigkeit

bekakeln
besprechen

benusselt
benommen

betüdeln
umsorgen, sich kümmern

betüdelt sein
angetrunken sein

Betulichkeit
Langsamkeit, die andere nervös macht

bibbern
zittern

Bickbeeren
Blaubeeren, auch als Heidelbeeren bekannt

biestern
umherirren

binnen
drinnen

bischa
du bist ja ...: ›Bischa nich kluch‹ ist eine höfliche Beschreibung für Dummheit; oder ›Bischa bedaddelt‹ – Du hast sie nicht alle beisammen

blaffen
schnauzen, bellen

bläken
bellen

blank
glänzend

blänkern
glitzern

Blärn
weinen, schreien; auf Bremisch auch ›jaulen, quesen, drinsen‹

Blärbüdel
Blärsuse, Blärkatze, Blärsnut
stammt von blär(r)en ab. Woanders sagt man auch ›plärren‹. ›Nu blär maa nich‹, nun weine nicht, sagen Bremer/innen

Bleifeder
Bleistift

blots
bloß

Blumensack
Verballhornung des Stadtteils Blumenthal, wird auch zusammen mit dem Stadtteil Vegesack genannt: Blumensack und Fegebüddel

Böhnhasen
Böhnhasen waren einst Handwerker, die keiner Zunft angehörten und illegal tätig waren, die sich auf dem Böhn (Dachboden) vor den Meistern verstecken mussten. Diese freien Handwerker wurden auch in Bremen verfolgt, was 1850 vom Bremer Senat verboten wurde. 1990 organisierten sich unabhängige Handwerker unter dem Namen ›Bremer Böhnhasen‹

bölken
brüllen, schreien

bollern, bollerich
poltern, aufsässig

Bonschen/Bonntschen
Bonbons, die sich Kinder ›für'n Groschen holen‹, und dann wird ›geschlickert‹: genascht, bis die Zähne ›weh tun‹

Bonschenbüdel
jemand isst gerne Bonbons

Börne
Birne

Bott geben
nachgeben

brackerig
baufällig

do brakert we so dör
da fahren wir strikt durch

brauchscha nich
musst Du nicht

Braunkohl
Grünkohl hochstämmiger Art, zubereitet mit beigemengter Grützwurst sieht er etwas bräunlich aus

Brechangel
ein übles Stück (Beschreibung für einen Menschen), auch Kotzbrocken

bregenklöterich, brägenklöterich
wirr sein, unkonzentriert oder deprimiert; auch: Kopfschmerzen haben

Brem, Bremn
Bremen

Bremer Flagge
gestreifter Speck

Bremer Gekochte
Fleischwurst

Bremer Kluten
viereckiger, kurzer Pfefferminzzuckerstab, der zur Hälfte mit Schokolade bedeckt ist

Bremer Speckflagge
die rot-weiß gestreifte Landesfahne

Bremüsch
Bremisch

Broarn
Sonntagsbraten

Brötchen
Semmeln, Rundstücke etc.

Buddel/Buddelkind
Flasche, mit Flaschenmilch aufgezogenes Kind

Büdel
Leinentasche (oder Plastikbüdel) zum Transportieren von Eingekauftem

Büdelwurst
Blutwurst im Leinenbeutel

Buhmann
böser Mann, auch Nasenpopel

buksch
das Gefühl nach einem viel zu fettigen Essen: ›Ich bin buksch‹, oder auch: ›Mir is ganz bugsch.‹

Bullerballer
aufbrausender Mensch

Bulten
Haufen

Bumms, büst buten
nicht aufgepasst und schon bist Du draußen

bün, büst
ich bin, du bist

Bundholt
Holzstück

büschen
bisschen

büst ja brägenklöterich
dir geht es wohl nicht gut

buten
draußen

buten un binnen
Name des Radio-Bremen-TV-Regionalmagazins sowie Motto der Handelskammer: Buten un Binnen – Wagen un Winnen

Butenbremer
Bezeichnung für Menschen, die in Bremen geboren sind, aber woanders leben müssen

Butscher, Butjer
frecher Junge, aber nett gemeint ›rumbutschern‹: draußen spielen

Büx, Unnerbüx
Hose, Unterhose

D

da is kein Vergang an
das hält ewig

da is was an
du hast vollkommen Recht, an der Sache ist etwas dran

da kann ich gaa nix zu
ich habe keine Schuld

da kömmt wer
es kommt jemand

da luur man up
darauf kannst du lange spekulieren

da mach was an sein
da könnte was dran sein

da mit ansitzen
sich etwas aufgehalst haben

da nich für
dafür nicht, ist mir ein Vergnügen, keine Ursache

da wird nix von
daraus wird nichts

Daalschlach, einen D. kriegen
überrascht, entsetzt, enttäuscht sein: ›Da krischa nen Dahlschlag.‹ Das bedeutet zudem so viel wie K.O.-Schlag

dabei anschüffeln
nebenhergehen

Danz up de Deel
Tanz auf der Diele

das is backich
das ist klebrig

das dröppelt man blos
es tropft nur

das gießt wie aus Mollen
es schüttet wie aus Wannen

das kann ich nicht helfen
ich kann es leider nicht ändern

das klötert/prasselt ganz schön doll, das pulscht nur so
starker Regen

das regent vielleicht
Bezeichnung eines starken Regens

das sach ma
das stimmt oder: kein Kommentar

das schnuddert blos
es nieselt nur

das tut nicht not
das ist nicht nötig/erforderlich

das zieh'ch nicht an
das ziehe ich nicht an

das ziept
das tut weh; es schmerzt

das zucht hier
es zieht hier

dascha 'n ganz annern Schnack
da ist ganz anders/außergewöhnlich

Dascha doll is dascha!
Das ist geradezu unerhört! Ausdruck höchsten Erstaunens, wenn etwas Besonderes passiert ist. Manchmal heißt es dann auch:

dascha gediegen
das ist eigenartig, wunderbar, seltsam, prima

dat Brüdern geiht um
wie du mir so ich dir

dat kann ich möten
damit werde ich schon fertig

deep
tief

Deern
junges Mädchen

Deitsche/Deidei
damit ist eine Puppe gemeint

Delter
alter und großer Gegenstand

Delmost/Delmendaddel
Delmenhorst,
kreisfreie Nachbarstadt

den Dreh kriegen
eine Sache durchsetzen

den ganzen Tag inne Gange sein
sehr viel zu tun haben

denen geht's man zeitlich
die kommen gerade so zurecht

denn bis denn/denne
bis bald, bis demnächst

denn man zu
auf geht's

denn weißt'n Fehler
jemanden darauf hinweisen, dass es Schwierigkeiten geben wird

Der gut smärt, der gut fährt
Eine Hand wäscht die andere: Bestechung

der ischa am Komtor
der ist kaufmännischer Angestellter

di will ich wat hosten
da kannst du lange warten

dichte bei
nahe sein

die ham das dick – die hams dicke
Umschreibung für jemanden, der reich ist

die is ümmerzu so
die ist immer so

die kann ümmer so tun
ihr Gehabe ist unerträglich

die komm'n alle von umzu
alle kommen von außerhalb

Dintensüper, Büroknüppel, Kontorbuckschoster, Sesselfurzer
Büroangestellter

Dischkönig, Fadenbieter
Schneider

Djung, min Djung
Junge, mein Junge

Dölmer
Blödmann/-frau, aber nett gemeint

Donnereern
Donnerwetter

Döntjes
kurze Geschichten

Döspaddel, Döskopp
der sich **dösig** (dumm) und etwas **paddelig** (tollpatschig) anstellt, ist ein **Dussel**, ein Dummkopf

dramsen
drängen, quengeln

driest
dreist

Drömbüdel
ein langsamer Mensch

Dschahren, nach Dschahrenden
seit Jahren, nach sehr vielen Jahren

Dschungedi, Jungedi
erstaunt sein, auch: Junge, Junge! Sowie: Ich warne dich, pass auf!

Du has wohl ’n nassen Helm auf!
Ich glaube, du spinnst, bist wohl verrückt

duhn
betrunken

dumm Tüch
dummes ›Zeug‹ reden/behaupten

Dumpfbacke, Dummbüddel
geistiger Kleingärtner

dungeln, drömeln
langsam sein, bummeln, trödeln, zu spät kommen; eine **Dungelliese** ist immer die Letzte

dünken
scheinen, meinen

durch Maak und Pfennich
Abwandlung für: Das geht mir durch Mark und Bein

durch und durch
nass ›bis auf die Knochen‹ vom Regen

durche ...
durch die

durchhin, durch'n Wind
durcheinander, verwirrt sein

durch'n Tüdel
durcheinander kommen, in Verwirrung geraten

Dusel
Schwindel, Halbschlaf, Glück haben

Düwel ook
Fluch: Teufel noch mal

Dwarsdrieber
Quertreiber, Besserwisser

Dwarslöper
quer laufender Krebs, aber auch Quertreiber

E

een vör de Pann ballern
einen kräftigen Schlag vor den Kopf geben

egal wech
ununterbrochen

ehm
bedeutet ›eben‹, im Sinne ›mal eben kurz‹

ein an'n Baffi, kriegst ein an'n Baffi
Prügel androhen

ein anne Waffel, kriegst ein anne Waffel
Prügel androhen

ein auffe Lucke haben
nicht ganz richtig im Kopf sein

ein bei ein
Stück für Stück

ein Brief wegschreiben
noch einen Brief schreiben

ein geht zu wen
jemanden besuchen

einholn
einkaufen

ein inne Witterung kriegen
jemanden aufs Korn nehmen

ein Kopp wie'n Feuermelder
Beschreibung für einen stark erröteten Kopf

ein maches nich glauben
das mag man nicht glauben

ein muss sich nich so haben
jemand soll sich nicht so anstellen

ein vertobacken
jemanden verprügeln

ein was glauben
jemandem glauben

ein was gönnen
jemandem etwas gönnen

einen weg haben
zu viel getrunken haben

einklich
eigentlich, normalerweise

ein etwas übern Knorpel gießen/pulschen – ein verlöten – ein heben
Alkohol trinken

eisch, aisch
bedeutet unartig, frech, böse; wird auch positiv benutzt, bzgl. Kleidung: ›Das sieht eisch aus.‹

er lernt dir was
er bringt dir etwas bei

er stellt sich so bucksch an
jemand ist bockig

es dröppelt man bloß
es tropft nur

es gießt wie aus Eimern
es regnet sehr stark

es pladdert
es regnet gleichmäßig stark

etepetete
vornehm, geziert verhalten

Evangeln
Mitglieder der Bremischen
Evangelischen Kirche

F

Fadenbieter
Schneider

Fatzke
aufdringlicher Widerling

Fegebüddel
Vegesack, Stadtteil in Bremen-Nord

Feger und Mullschibbe
Handfeger und Schaufel;
auch Uhle und Kehrblech

Fell voll kriegen
verprügelt werden

ferdich
fertig

Feudel
Putzlappen

Fiend
Feind

Fieselregen
sehr feiner Regen

Fiesematenten
Frechheiten, Unsinniges

Fiezebohnen
Schnibbelbohnen, in Salz eingelegt

figeliensch
verzwickt, schwierig, kompliziert, ›'n Figelinschen‹ ist ein cleverer Typ

Fiduz
meint Spaß oder keinen ›Fiduz‹ haben

fix vergrellt
schnell sehr böse

fladdern
flattern, schwatzen, nachsagen

Fleets
frecher Bengel, Flegel

Flegel, Bengel
unartiger Junge

flei, fleien, fleutjen
herumschmeicheln, pfeifen, flöten

fleutjepiepen
vergebliches bemühen, ausgetrickst

flennen
weinen

flenzen
mit Schwung etwas werfen oder einen Behälter ausleeren

Fluddertrine
Mädchen, oberflächlich verhaltend

Flunken
Flügel, aber auch Fuß

Flunsch
ein mauliges, beleidigtes Gesicht

Fofftein
steht für Pause: 15 Minuten

Frostköddel
kälteempfindliche Person

fuchtig
agressiv, wild

fücht sich
es fügt sich

Fülm
Film

fümmf
fünf

Fuuljan
Drückeberger, fauler Kerl

füünsch
ärgerlich, wütend,
auch: hinterlistig, gemein

G

gaa nich
geht gar nicht

gaanz annern Schnack – Dascha 'n …
etwas deutlich anders/besser

gaanz lütschn büschen noch
noch ein wenig mehr

gah mi up'n Puckel sitten
leck mich am A….

Galoppschoster
Schnellschuster

gälsnacken, Gälschnacker
Hochdeutsch sprechende Personen

gaanich kluuch
Bezeichnung für Dummheit

gau bi de Hand
Schnellimbiss

gau
schnell

geborn
geboren

gediegen
unterschiedliche Bedeutungen, wie sonderbar oder angenehm, wertig

Geelbeen
alter Begriff für Neustädter, die Tabak nach Bremen schmuggelten, indem die Blätter um die Beine gewickelt wurden; Hochdeutsch: gelbe Beine

Geh sitzen!
Aufforderung, sich hinzusetzen, Platz nehmen

geradezu
Bremisch für geradeaus

giescha beizu
du gießt daneben

giezig, Giezhals
geizig, geiziger Mensch

gillen
schreiend weinen

gitt, was bis du übel
igitt – wie widerlich Du Dich benimmst

Glubschaugen machen
jemanden dauernd anstarren, glotzen – ›der mit seine Glubschaugen‹

gnaddelich, gnadderich
schlecht gelaunt sein; ein ›Gnaddelheini‹ ist ein mürrischer Kerl

gobbern
schlingen, schnell essen

Gossenstein
Spülbecken aus Stein, meistens als Waschbecken in der Küche – Waschplatz für alles und jedes, z. B. wer sich beim Spielen schidderich (schmutzig) gemacht hatte. ›Leckbrett aufm Gossenstein‹ steht für die Abtropffläche der Spüle

Granat puln
Krabben schälen

gräsig
grässlich

grienen, gnickern, juchen
grinsen, lachen, jauchzen

gries
grau

Grütkopp
verrückte Ideen haben

H

Hab'n Jipper – auf ordentlich was zu beißen/auf eine Zigarette ...
großen Appetit haben, unbedingt rauchen wollen ...

hachpachen
schnell außer Atem sein

Hackepeter
rohes, durchgedrehtes Schweinefleisch, wird mit Zwiebeln sowie Salz und Pfeffer vermengt gegessen

Hahnenbieten
Gesellschaftsspiel

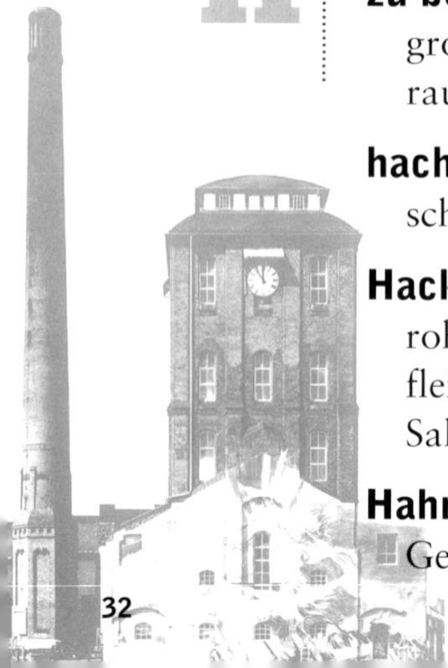

Hahnenbieter
Habicht

Haiopei
umtriebiger Mann

Halsafsnieder
unsoziale Bank, Firma, Person

hascha – ein an Ballon
du hast – nicht alle beisammen

hieven
etwas anheben oder einen heben: fröhlicher Umtrunk

heemlich
heimlich, geheim

Heiduken
Halunken

Heißwecken
Brötchen mit Rosinen

Heringsbändiger
Lebensmittelkaufleute, weil sie einst auch Heringe anboten

herumstromern
ziellos herumlaufen

heulen, jaulen, quesen
weinen, weinerlich sein

Heulsuse
empfindliches, weinerliches Kind

Hickop
Schluckauf

Hinterwagen
der letzte Straßenbahnwagen

hinterzu
etwas weiter zurück

Hippe/olle Hippe
ältere, zänkische Frau

Hohnepiepeln
verhöhnen

**Hol di stief! Hol di hart!
Hol di fuchtig!**
bedeutet in Bremen:
Halt dich wacker!

Hollschen
Holzschuhe

Holtworm
Tischler

Huck
in Altbremer Häusern ein kleiner Verschlag unter der Treppe, auch **Schapp** genannt

Hus
Haus

I

ich bin auf'n Lande
ich bin auf der Parzelle

ich butter dir was
du kannst mich mal …

ich geev di een op de Nieskapsel
du bekommst einen Schlag auf die Nase

ich geh einholn
ich gehe einkaufen

ich habe geplört
ich habe etwas verschüttet

ich kriech, du krieß
ich kriege, du kriegst

ich lauf ums Haus umzu
ich laufe um das Haus herum

ich liech
ich liege

ich mach Labskaus ut di
ich mache Labskaus aus dir

ich slach dien Hemd in Flammen
ich mach dich fertig (platt)

inne Klatten kriegen
in Streit geraten

inne Puschen kommen
bedeutet: ›Beeil dich gefälligst.‹

inner
in der

inne Reihe bringen
in Ordnung bringen

ischa
bedeutet z. B.: Ischa Freimaak = Es ist ja Freimarkt – ›Ischa wohl nicht die Möglichkeit‹ = Das kann ja wohl nicht angehen – ›Ischa man Plünnen‹ = taugt nichts

J

jachtern
umherjagen, toben, tollen

jammern, barmen, duert
über etwas jammern, bedauern

jappen, japsen
gaffen, auch: nach Luft schnappen

jau
Zustimmung/jawohl

Jettka
junges Mädchen

Jieper haben
großen Appetit haben, ›da Jieper ich drauf‹

K

Kabelgarn
Büchsenfleisch

Kabuff
kleiner Unterstand

kakelbunt
kunterbunt

kakeln
gackern

Kälen
Schmerzen

Kaminrutscher
Schornsteinfeger

Kanehl
auf den Kieker haben

kann ich nix an tun
daran kann ich nichts ändern

kapern
herumstrolchen und dumme Streiche machen

Kaperstreiche
jemanden eins ›auswischen‹

Kaptein, Käpt'n
Bremer Varianten für Kapitän, aber auch Bestandteil der Seemanssprache

Kaschott
Gefängnis

Katooln
Mitglieder der katholischen Kirche

kein Arsch inne Hose haben
keine Courage, keinen Mut haben

kein Vergang an
keine Abnutzungserscheinungen: ›Da ischa reinweg kein Vergang an‹, meint ein gebrauchtes, aber tadelloses Kleidungsstück

keinern
niemand

kiebich
aufgekratzt, aufmüpfig

Kiepe
Tragekorb aus Weidengeflecht

Kinner mit'n Willn kriegt wat vörd de Billen
Kinder mit eigenem Willen bekommen was an den Kopf

Kittschieter
Marmeln aus Ton

kiwiev
clever sein

Klaben
besteht aus diversen Zutaten und darf seit 2010 nur in Bremen und naher Umgebung als **Bremer Klaben** hergestellt werden

klabastern
schnell wie ein Pferd daherkommen

klamüsern
ausdenken, grübeln

Klappermöhlen
redefreudige Personen

klapphanschen
jemand in die Enge getrieben haben

klatschnass
völlig durchnässt

Klatten
Haare, ›sich inne Klatten kriegen‹ kommt gelegentlich vor

Klöben
Rosinenbrot

Klockenschoster
Uhrmacher

klönen, Klönschnack
unterhalten, Plauderei

Kloppe, kloppen
Prügel androhen, prügeln

Klöten
Hoden

Klötenköhm
Eierlikör

klöterich
ungesund, unsicher

Klöterkraam
Nichtigkeiten

klötern
klappern, rasseln

kluuch
klug

Klumpatsch
Gerümpel

klungelig
gebrechlich

Kluten
siehe Bremer Kluten, außerdem: ›Du bist mir so'n Kluten‹, werden liebevoll Kinder angesprochen

Klütjenbacker, Klütschen
Bäcker, Mehlklöße

Knallköhm
Sekt, auch als **Puffbrause** bekannt

Knieper
Wäscheklammer

Knipp
aus Grütze, Fleischresten und Zwiebeln hergestellte Speise

kniersch
etwas ist sehr eng/knapp

Knokenbräker,
Orthopäde, Arzt

Knockn, Plünn, olt Iesen
›Knochen, Kleider, altes Eisen‹ – Ausruf des Altwarenhändlers

knörsch
mürrisch

Knubbel
Erhöhung, Knospen

Knubben
Narben, z. B. Pockennarben

knubberig
uneben sein, z. B. wegen Baumwurzeln, Erhöhungen

knuddeln
zusammendrehen, lieb drücken

knurrig
warnend, unleidlich

kodderich
flau, hinfällig

Kohl und Pinkel
Braunkohl und Grützwurst

Köhm
Kümmelkorn, Schnaps

Komm inne Puschen!
Beeile Dich!

Komm 'se alle von umzu?
Kommen Sie alle aus der Umgebung?

kommodich
gemütlich

Koofmich
Kaufmann

Körschen
Kirschen

Kösters Kamp
Friedhof; die Weide des Küsters

krägel, kregel
munter, lebhaft, gesund, kräftig

Kräkelreem, Kekelreem
Redseligkeit

kranzheistern
jemanden zurechtstutzen

Krauel
Krabbler, kleines Kind

Krawallschachtel
aufdringliche Person

kribbelich
unruhig sein

kriddelig
spannend

Kring
Ring

krischa … (die Krätze)
bekommst ja …

Kröpel, kröpelig
Krüppel, verkrüppelt, krüppelhaft

krügen
etwas bekommen,
z. B. Kinder kriegen

krus
kraus

Kumme, Kump
Schüssel oder große Schale: ›Krich mal'n Kump auf'n Tisch.‹ – Stell' die Schüssel auf den Tisch

kumpabel sein
zu allem fähig sein

Kunkelfuselee
Geheimniskrämerei

Kupee
Abteil

Kuraasch
Courage

Kusendoktor
Zahnarzt

L

Labskaus
gepökeltes Rindfleisch oder Corned Beef, mit Zwiebeln, roter Bete und Kartoffeln, alles durch den Wolf gedreht, mit je einem Spiegelei, Rollmops und Salzgurken serviert

langs die Glitsch gehen
auf eine Sauftour gehen

langsamerhand
allmählich

leef
lieb, liebenswert

leeflich
lieblich, milde

leeg
schlimm, schlecht

Leegen, he lücht
Lügen, er lügt

Leegsnut
Lästermaul

Leggehän'n
Legehühner

liech
liegen

liek
gleich, genauso

liekut
geradeaus

Liem
Leim

Luckenviez
Hafenvorarbeiter, der das Be- und Entladen der Schiffe kontrolliert

Lüh
Leute

lüttje Lage
Schnaps und ein kleines Bier

lüttjen Epi drinken
einen kleinen Korn trinken

Lüttscher
kleiner Junge

luur'n
warten; eine Bremer Redewendung lautet: ›Da luurn wi up‹, was bedeutet: ›Darauf warten wir schon lange.‹

M

maddelich
schlapp, flau; auch klöterich, kodderich etc.

mall/bekloppt
verrückt sein

manichmal
manchmal, gelegentlich

Manschetten haben
Respekt oder Angst haben

Meister Pickdraht
Schuhmacher

Meister Quast, Pinselquäler, Plankenstrieker
Malermeister

melanklöterich
melancholisch sein

Metsche
Regenwurm; einst wurde häufig damit geangelt

miegen, Grasmieger
urinieren, Mädchen

Missingsch
Mischung aus Platt- und Hochdeutsch, kennzeichnet vornehmlich Hamburgisch

miteins, mit'n maal
plötzlich, auf einmal

mit'n Klammerbeutel gepudert
bedeutet: nicht ganz richtig im Kopf

mit'r
mit der

mittenmang
in der Mitte des Geschehens, mittendrin

Möigkeit
Müdigkeit

Momang
einen Augenblick, Moment mal

Mook
Verfaultes, Verrottetes

Moordrift
sumpfiges, grün bewachsenes Moorland

muddeln
schaffen, das ist zu schaffen

Mudder Griebsch
Griebsch meint greifen, zufassen; Begriff für Hebamme

Mudder Wischmann
Toilettenfrau

Muddi un Vaddi
die Bremer/innen sagen auch: Vadder (Vater) und Mudder

Muffensusen
Angst haben, sich sorgen

Mülch, Mööch
Milch, Mülch dick stellen – dicke Milch mit Schwarzbrot, Zucker

mulsch, muksch
beleidigt, aufmüpfig, störrisch, schlecht gelaunt sein:
›Mach nich son mulsches Gesicht.‹

muscha
landestypische Antwort auf die Frage nach dem Befinden: Muss ja. Muscha wird häufig gesprochen, z. B. ›Muscha nich ümmer so sein.‹

Muschepund, Muschepunt
Kosewort für ein Kind;
es bedeutet kleiner Liebling,
aber auch Lausebengel

muss dich nich ümmer so haben
sei doch nicht so empfindlich

Muulklempner, Kusendoktor
Zahnarzt

Muurklacks
Maurer

N

'n Dalschlag kriegen
sehr überrascht sein

nach wen kucken
sich um jemanden kümmern

nache
nach der

nachen Bett (hin)
früh schlafen gehen; ein typischer Satz: ›Midde Hüner nachen Bett‹

nachen Doktor gehen
zum Arzt gehen

nach'n Lande gehen
zur Parzelle gehen, z. B.: ›Wir gehen nach Ongl Erwin sein Lande‹, sagt man, oder ›auffe Parzelle‹

nahbabbeln
nachsprechen

nee
nein

needoch
bedeutet ›tatsächlich‹

nich alle auffen Böhn haben
nicht ganz richtig im Kopf sein

nich ganz bei Groschn sein
nicht voll zurechnungsfähig sein

nich helfen
›kannscha nich helfn‹ – auch: ›Da kann ich nix an tun.‹ – ›Da kann ich nich für.‹ Das ist nicht meine Schuld

nich kluuch
nicht gescheit sein:
›Bischa nich kluuch.‹

nich mit herlassen
etwas nicht durchgehen lassen

nich ohne zu
auf keinen Fall ohne ...

nicht gut verknusen
wenn man jemanden nicht leiden oder etwas nicht ausstehen kann

Nicht mal ignorieren
Hanseatische Lebensweisheit

nienich
niemals

Nieselpriem
Miesmacher, Nörgler;
auch ›Piesepampel‹

nipp un nau, nippe
höchster Grad der Genauigkeit

nix an'n finn'n
keinen Gefallen finden

nix auf kommen lassen
jemanden in Schutz nehmen

nix für ungut
entschuldigen Sie bitte

nix von was wissen
von etwas nichts wissen

nöch? nich?
bremische Variante für ›nicht wahr‹

nöchtern als n' gebackenen Stint
höchster Grad der Nüchternheit

nütz' ja nix
da kann man nichts machen

O

Obstinatsch, Obstinatschon
Aufsässigkeit; meint auch: arrogant, rücksichtslos, widerspenstig und bockig

Oldenburger Ananas
Steckrüben

Oldenburger Palme
Grünkohl, in Bremen Braunkohl genannt

opstunns, upstuns
gegenwärtig, zurzeit

orntlich
ordendlich

P

paddelich
ungeschickt sein

Paddeman/Paddemen
Appartement

Pafön
Parfum

Panduren
Rabauken

Pann
Pfanne

Pannkoken
Pfannkuchen, sowie Pankokenship: Pfannkuchenschiff

Panzen
›lebendige‹ Kinder

Päpersack
Großkaufmann

Paraplüh
Regenschirm

Pariern lern
Gehorchen lernen

Parzelle
Schrebergarten; älterer Ausdruck auch: Quekenfarm

pascha all wedder nich auf
schon wieder nicht aufgepasst

pattuh
überhaupt (partout)

pedden
treten

Peedder
Peter

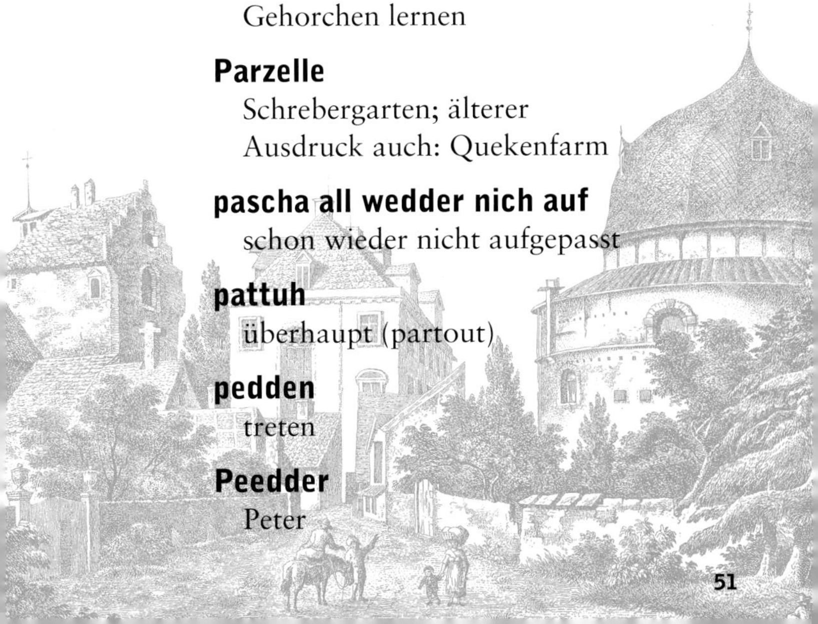

Peerföte
runder Schwarzbrotzwieback

Penunsen
Geld

peppern
pfeffern

peddich man nich auf'n Schlips
stell dich nicht so an; petten heißt treten – auch: nicht gestelzt reden

pieperlich sein
schwächlich sein

piesacken
quälen

Pillendreiher
Apotheker

pimperlich
geziert

Pingelkorf
Klingelkorb

pingeln, Pingel
klingeln, Klingel

Pingelwagen
Müllwagen, war in Bremen mit einer Glocke versehen

Pingzeneh
Stielbrille

Planke
Zaun, breites Brett

Pleseer
Pläsier, Freude

pliern
heimlich kucken

plietsch
pfiffig, schlau, gewitzt

plinkern
zwinkern

Pluckte Finken
gemischter Eintopf aus Möhren, bzw. Wurzeln, wie die Bremer sagen, und weißen Bohnen

plüffen, petzen
bedeutet verraten; ›Petzliesen‹ und ›Plüffkatzen‹ sind die Täter

Plum und Klütschen
in Bremen einst übliches Dessert mit getrockneten Pflaumen oder anderem Backobst sowie Speck und Mehlklößen

plümerant, blümerant
unwohl sein, flau oder schwindelig

Plünnkrams, Plünnenläden, Plünnenkerls
Krimskram, Bekleidungsläden, Lumpenhändler. Wenn zwei sich streiten, dann ›hammse sich inne Plünnen (inne Klatten) gekricht‹. Taugt etwas nicht, heißt es: ›Das ist alles Plünn(en).‹

Plünnongl
›Knoken, Plünn, olt Iesen, Papeer‹, rief einst der Plünnongl, der mit dem Pferdewagen durch Bremer Straßen fuhr und Knochen, Kleidung, Alteisen und Papier sammelte, um es zu ›verhökern‹

Plünnrieter
Textilkaufmann

Pöks
kleiner Junge

Pootschn
Eisbein, Haxe, Pfote

Pott
Topf

Pottkieker
neugieriger Topfgucker

Pottenkleer, inne Potten klehn
Kinder, die mit Schmutz und in den Pfützen spielen; kleiner ›Dreckspatz, hascha schon wieder inne Potten gekleet.‹

Priölken
sind die verschließbaren Kabinette im Bremer Ratskeller; in diesen Nischen speisen gerne Bremer Kaufleute mit Geschäftspartnern

Privé
Toilette

Puckel
Buckel

pudelich
bedeutet strubbelige Haare

Puffbrause
Sekt

Puhee, Pohee
Lärm, Spaß, Aufwand

pullschen
heftig eingießen, spritzen

Pümpel
von einem Gröpelinger erfundener Abflusssauger

Pusdorf
Bremer Ortsteil Woltmershausen/Rablinghausen, wo der Wind stark pustet

puskattenglatt
wendig, geschmeidig, aalglatt

Pussierstengel
steht für flirtende junge Männer

pusskatenfein
Ausdruck für fein angezogen

pustig
schnell außer Atem kommen

pütscherich
Ausdruck für kleinlich, penibel, pedantisch sein

pütschern
umständlich arbeiten

Puttfarken
schmutzig sein, Schmierfink

Putz
Polizist, Kurzform von: Schutzmann

Putzbüdel
Frisör; auch: Bartschraper, Snutenfeger, Snudlputz, Verschönerungsrat

Q

quaasen, verquaast
schmatzen, unübersichtlich

Quakbüdel
dauernd nörgelnde Person oder ein Kind, das ›quakich‹ ist

quaken
quengeln, quesen

Quäkenpuhler, Krauter
Gärtner

R

rackern/abrackern
arbeiten, überarbeiten

ramentern
rumoren, Krach machen

rapp
schnell, flink, dreist, frech, rau, ungestüm

Rappel, Rappelsnuut
Aufregung, loses Mundwerk

Rasseldjare
Sturm-und-Drang-Zeit

RauPiPau
Rauch- und Pinkelpause
(beim Eiswettessen)

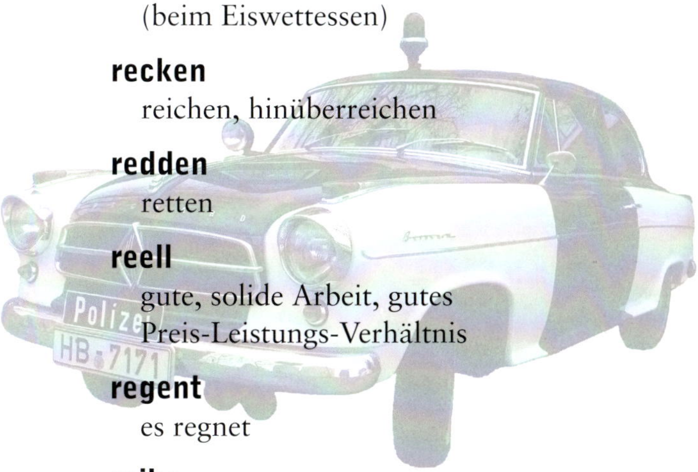

recken
reichen, hinüberreichen

redden
retten

reell
gute, solide Arbeit, gutes
Preis-Leistungs-Verhältnis

regent
es regnet

reibe
verschwenderisch, großzügig

reineweg
wirklich, total, völlig, ganz und gar

rejell
Gegenteil von albern: wütend

Rietensplit
kleiner Draufgänger

rinkumplementeern
jemanden hereinbitten

Rüffel
Rüge, ›sein Fett wech kriegen‹

rumdölmen
herumstrolchen

rummuddeln
beschäftigen, aufräumen

rumpüstern
sehr beschäftigt sein

rumresonieren
vage Erklärung abgeben

rumstromern
ziellos herumlaufen

rumwuseln
Geschäftiges werkeln

runjenieren
zerstören

rutkumplementeern
jemanden höflich, aber bestimmt hinausführen

rutsnuffeln
herausfinden

rutstrieken
loben, herausstreichen

rutwitschen
entwischen

S

sabbeln, Sabbelmors
dummes Zeug reden; ›Sabbel di dot!‹ – Hör auf mit dem Gequatsche! Redefreudige Person

Sabbelsnut
Lästermaul

sach ma
erkläre bitte

sacht
ruhig, sanft; auch: etwas sagen

sacken
sinken

Schäm dich was!
Schäm dich!

Schandarm
Polizist

Schandol
Lärm, Spektakel

Schandudel/Schier Schandudel
Spaß, Blödsinn, aus Übermut, Langeweile

schännen
schimpfen

Schapp
Abstellraum, Besenkammer

Schäselong
Chaiselongue, Couch

Schauer laufen mir übern Puckel
Schauder läuft mir über den Rücken

scheesen
rennen

Scheevsnuut
Schiefmaul

Schicht machen
Schluss machen

Schick
Beschaffenheit

schiederich, schödrich
in schlechtem Zustand; auch: ›Ich fühl mich so schiederich‹ – Ich fühle mich schlecht. Schiederiges Wetter: Schmuddelwetter, nass und kalt

schiere Angst
bloße Angst

Schietbüdel
Kleinkind im Windelalter.
Auch Kosename, wie: ›min lütten Schietbüdel, kleiner Schieter‹

schietendidi
das bedeutet: von wegen, angeschmiert, Pech gehabt; auch egal: ›Das ist mir schietendidi.‹

Schinkenbüdel
große Unterhose zumeist älterer Damen

Schlackermaschü
Dessertmischung aus Pudding, Schlagsahne etc.

Schleef
großer Holzlöffel, aber auch:
Lümmel

schlümm
schlimm

Schlurtsche
schlampige Frau

schmuck
hübsch

Schnack
Gespräch, Plauderei, Redewendung

schnacken
bremischer Begriff für:
ein Gespräch führen

schnattern, Schnattertaschen
sich unterhalten, redefreudige
Frauen oder Männer

Schnökerkram
Süßigkeiten

Schnoor
mittelalterliches Stadtviertel
in der Bremer Innenstadt

Schnorrer / Snurrer
Bettler

Schnotten, Schnottenpiekser
ein Kind mit ›laufender‹ Nase hat
Schleim, also ›Schnotten anne Nase‹

Schnottenbremse
Oberlippenbart

schoofelich sein
unfreundliches Benehmen

Schorse
Georg

Schott uprieten
Mund aufreißen

Schott
Verschluss, Riegel, aber auch:
Halt den Mund: Hol din Schott

schrapen
kratzen

Schrappels
Geschabtes, Reste, wertloses Zeug

Schrappscheren
unnütze Dinge, ›Backsbeeren‹ genannt. Auch: unangenehme Personen

Schulln
Eisschollen, Werserschulln: Weserschollen

schümpfen
schimpfen

sich bloßsparreln
sich bloßstrampeln

sich gräsig gehabt haben
heftigen Streit gehabt haben

sich högen
sich freuen

sich mit was (gaanich) bemengliern
sich (nicht) mit etwas befassen

sieht ümmer so wittschen aus
sieht immer ziemlich blass aus

siehscha wohl, nöch?/nich?
das wirst du wohl einsehen, nicht wahr?

sladdern
übles Nachreden

Sladdersnute
›Plappermaul, Sabbelschnute, Quasselstrippe, Krawallschachtel‹

Slackerdarm
Hungerleider

slecht
schlecht

slickern
schleckern, naschen

sludern
schlecht über einen Dritten reden

Sludertant'n
Tratschtanten, auch Schnattertanten

slurig
schlurig, matt, schlaff, unaufrichtig, unordentlich

smär'n
schmieren (ebenfalls im Sinne von ›bestechen‹)

Smutje
Schiffskoch

Sneidjefidel
eingebildeter Verehrer eines Mädchens, mit mehr Schein als Sein

snuffeln, snüffeln
schnüffeln, schnauben, schnuppern, spionieren

Snutenschnacker
wer keine eigene Meinung hat und anderen ›nach dem Mund‹ redet

so batz
auf der Stelle

so ehm un ehm
so gerade eben

so isses
so ist es

so muss die das haben
der muss man es deutlich sagen

sofortsten
auf der Stelle

so'n Schiet
so ein Mist

Sonn'brülle
Sonnenbrille

spaddeln, sparreln
strampeln, zappeln

spachteln
schnell essen

Spökenkieker
ist jemand, der Geschichten erfindet und sie weitererzählt

stantepede
sofort

Steert
Hintern

steiht bi de Rippen
schmeckt und gibt Kraft

stiefweg
andauernd

Stinkbüdel
unangenehmer, auch ungewaschener Mensch

Stint
junger Mann

stökerich
unsicher (auf den Beinen); alte/r Mann/Frau unsicheren Ganges

Stremel
Kapitel, Abschnitt

Strippentrecker
Elektriker

strullen
Wasser lassen; ›Strip, strap, strull, is de emer noch nich full.‹

Strunt
schmutziger, unzuverlässiger Kerl

sturig, stuur
mühevoll, schwerfällig, steif, starr, aufrecht, dickfellig, stolz

Sutreng
Souterrain, Untergeschoss, Hochkeller in den Altbremer Häusern

sutsche piano
mit Bedacht, sachte

Swienegel
schmutziger oder durchtriebener Junge; auch sexuell agiler Kerl

T

Tach auch!
Guten Tag!

Tagenbaren
Bremer/innen, deren beide Eltern- und Großelternteile in Bremen geboren (baren) und aufgewachsen (tagen) sind. Der Begriff wird aber nur selten verwendet

Tanne, Ongl
Tante und Onkel

Tante Meier
›nach Tante Meier gehen‹ bedeutet: die Toilette aufsuchen. Bremer gehen auch ›zur Toledde‹ oder ›nachen Lokus‹

Tass Kaff
eine Tasse Kaffee

Tatn tu
Taschentuch

Timmermann
Zimmermann

to sogen fleecht
zu sagen pflegt

tööf man
lass dir Zeit

torechtbiestern
zurechtfinden

tort
trotz

tot geblieben
aus dem Plattdeutschen: ›He is dood bleven‹, bedeutet: ›Er ist gestorben.‹

Tranbüdel
langsamer Mensch

triezen
ärgern, quälen

Trottoah, Trittoah
Gehweg, Bürgersteig; abgeleitet von Trottoir seit der Franzosenzeit

trüggors
rückwärts

tschä
nun ja

tsüh/tzüh
sieh an, sehr kurze Begrüßung

Tüdelkram, Tünkrams, Tünnef
überflüssige, unnütze Sachen; Tünnef: dummes Zeug

tüdeln
trödeln

tüdelich, Tüdelei und betüdeln
verwirrt, sich Zeit lassen, jemanden umsorgen

Tuffeln
Pantoffeln

Tunegel
Tunichtgut –
›Dascha'n richtigen Tunegel.‹

tut nich nötig
ist nicht erforderlich

tut weh
ist schmerzhaft

U

überbucken
sich beim Essen über den Tisch beugen; ›Schön überbucken, sonst plörrst [kleckerst] Du.‹

übere Ampel fahn
bei Rot über die Kreuzung fahren

überer/übere/überen
über der, über die, über den

überhin/überher
zu viel davon

überkandidelt
hochnäsig

überlangs
mitunter

über'n Knorpel pulschen
mit großem Durst viel trinken

Uhle und Kehrblech
Handfeger und Schaufel

um'n Pudding gehen
um den Block bzw. durch die Nachbarschaft gehen

umme
um die (Ecke)

ümmer gegenan
immer dagegen sein

umzu
um, herum, z. B. Bremen und umzu: Bremen und die Nachbargemeinden

un
und

unbremisch
alles, was gegen Bremer Traditionen, Verhaltensweisen und Werte gerichtet ist, wird als unbremisch bezeichnet; gilt im schlimmsten Fall auch als Zurechtweisung

unkluuch
unklug

unnasch (oder: uneisch)
ist jemand gierig, kriegt er mitunter zu hören: ›Du bischa unnasch.‹

Unnerbüx
Unterhose

unterer
unter der

up'n Swutsch
war Titel einer Radio-Bremen-TV-Sendung. Die Bremer/innen gehen gerne ›Auf'n Swutsch‹

uptrecken, optrecken
aufziehen, necken

ut'n anner muddelt
auseinandergenommen

Utbund
Ausbund

Utlucht
Ausguck

uttrecken
ausziehen

Ützepocke, Itzepocke
Kind, missgelaunt und quengelig

Ützkopp
Quarkkopf

üzen, uzen, üzig
necken, foppen, trotzig

Uzze
schlecht gelaunte Frau

V

Vedder
Vetter

verdaptsch
verklebt, unsauber

verdeibeln
verteufeln

verdjagen
sich erschrecken

verdwars, verquaast
verquer

verfumfeien
sinnlose Geldverschwendung, verschleudern

vergrellt
erzürnt, wütend, verärgert, böse

vergretzt
erzürnt, verärgert

verhohnepipeln
jemanden verhöhnen, verarschen

verklokfideln
jemandem etwas erklären

verklumfideln, verkluuchfideln
etwas erklären; Varianten sind: ›verkasematuckeln‹ (erläutern) und ›verhackstücken‹ (beibringen)

verknusen
etwas nicht ertragen mögen; oder: ›Die könn'n sich nicht verknusen‹ – sich nicht vertragen

verlöten
mit großem Durst trinken

verposamentieren
jemandem etwas erklären

verposemuckeln, verposemantuckeln
steht für ›erklären‹; auch etwas verspeisen – ›auseinanderpulen, verklaren, verbumsfideln, verklauselieren‹ bedeuten ebenso erklären

Verschönerungsrat
Frisör

vertageln
verhauen

vertobacken, verwamsen
verprügeln

vigelinisch
hinterhältig, raffiniert

Vöddel, Viddel
so heißt das Bremer Ostertor-/ Steintor-Viertel im Volksmund, ist auch eine Viertelstunde der Uhrzeit

vogelich
nervös

vonne
von der/den

Vorderwagen
der erste Wagen der Straßenbahn

W

Wah?
Was? Entschuldigung? Wie bitte?

Wahrschau
Warnung, Drohung, Achtung

Waken, Waaken
Löcher im Eis

Wär
Wetter

was auffen Stock geben
kräftig die Meinung sagen

was tun bein Schnacken
Arbeiten und Unterhalten gleichzeitig betreiben

was'n nich allens belebt hept
was man alles erlebt hat

wat mutt, dat mutt
was muss, das muss

wegneien, reinhauen, futtern
essen

weiß ich nix von ab
davon weiß ich nichts

wenn Wetter ist
wetterbedingte Abmachung, die bedeutet, dass die Wetterbedingungen dem Vorhaben günstig sein müssen

wenne wülst
wenn du willst/möchtest

Werdoh
meint den SV Werder Bremen

Werser
Weser

wie'n Tüt
›De läuft wie'n Tüt.‹ Gemeint sind etwas ältere Frauen, die noch flott unterwegs sind. ›Tüt‹ ist auch eine hochgesteckte Frisur

Wiewers/Wieber
Weiber

winnen
gewinnen

Wippsteert
nervöses Kind, das nicht stillsitzen kann, auch **Hibbelmors,** der ›immerzu wo rumscheest‹ (herumrennt)

witschern
Wände weiß streichen

Wittheit zu Bremen
Bremer Traditionsverein

wittschen
blass, kränklich – ›Büscha ganz wittschen umme Nase‹: Fühlst du dich nicht gut?

Wo kenn ich Ihnen durch?
Woher kenne ich Sie?

wo wer ich denn
wie käme ich dazu

wöpsig
aufsässig

Wuddeln
bedeutet Karotten bzw. Wurzeln

wunnerbor
wunderbar

wuschich
etwas durcheinander sein

Z

Zampel
Hafenarbeiter-Beutel, worin das Frühstück mitgenommen wurde – sowie mitunter auch Mitbringsel aus dem Hafen, wie die am **Zollmops** vorbei geschmuggelte Seife, Kaffeebohnen, Zigaretten, Schnaps ...

zaustern
schimpfen

zergen, zargen
ärgern

ziepen
schmerzhaft an den Haaren ziehen

Zimermannshaar
ungenaues Maß

Zimperliese
empfindliche Frau

Zitti
die Bremer Innenstadt (City)

Zollmops, Zöllner
Koseworte für Zollbeamte

Zossen
altes abgearbeitetes Pferd

zu Potte kommen
zur Sache kommen, sich beeilen

zu sitzen kommen
sich endlich hinsetzen können

zu Stuhle kommen
Platz nehmen

zu um
zu großer Umweg, zu umständlich

zukehr gehn
sich wild aufführen

Zuzuch
Aufenthaltsgenehmigung

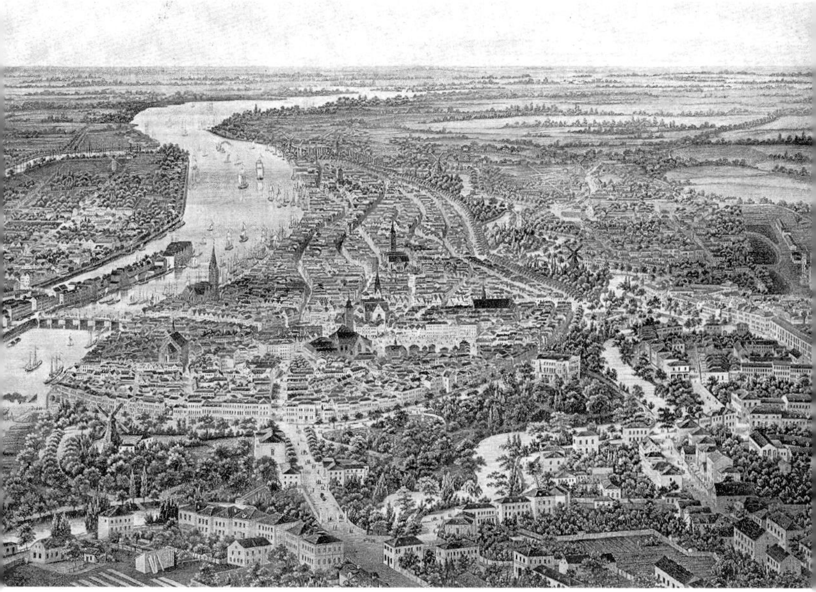

Begriffe und Schnacks von der Waterkant – der ›Wasserkante‹

A

achteraus
nach hinten, hinter dem Schiff

achtern
hinten

Anbiet/Anbiethalle
Pause/Hafenkantine

ausflaggen
den offiziellen Standort eines Schiffes auf eine (eigene) Reederei in einem anderen Land übertragen

B

Backbord
linke Seite des Schiffes in Fahrtrichtung, **rote** Positionslampe

Bake
an Land feststehendes Holz- oder Stahlgerüst zum Kennzeichnen des Fahrwassers

Ballast
Schiffsladung, wichtig für die Stabilität des Schiffes

Barkasse
Hafenverkehrsboot mit eigenem Antrieb, auch größtes Beiboot eines großen Schiffes

Blauer Peter
quadratische blaue Flagge, die ab 24 Stunden vor dem **Auslaufen** (Verlassen) aus dem Hafen gehisst wird

Boje
verankerter Schwimmkörper, der als Seezeichen oder zum Festmachen verwendet wird

Brücke
Kommandozentrale des Schiffes

BRT
Bruttoregistertonne

Buddelschiff
Schiffsmodell in einer Flasche stehend

Bug
Vorderaufbau des Schiffes

bugsieren
schleppen, lenken, schieben

Buhnen
starke Holzpfähle oder Eisenträger, umgeben von schweren Steinen, die in Doppelreihen bis weit in das Wasser hinaus in den Grund gerammt werden, um den Wellenschlag zu mindern; Buhnen werden auch zur Landgewinnung gebaut

Bulkcarrier
Massengutfrachter

Bullauge
rundes Schiffsfenster, das in der Regel nicht geöffnet werden kann

Container
genormte Großbehälter für Güterbeförderung

Dalben
in den Hafengrund oder am Flussufer gerammte Pfahlgruppe zum Festmachen von Schiffen

Dippen
Grüßen durch Auf- und Abziehen der Flagge am Mast

Dock
schwimmende Anlage zum Ausbessern von Schiffen; siehe **Werft**

E

Ebbe
Fallen des Meerwassers im Gezeitenwechsel, niedrigster Stand zwischen Hoch- und Niedrigwasser. Ebbe und Flut wirken sich auch in den küstennahen Flüssen aus

F

Fender
Puffer aus Tauwerk, Kork, Gummi u. a., der am Schiff über Bord gehängt wird, um eine Beschädigung beim Berühren der Ufermauer oder eines anderen Schiffes zu vermeiden

Feuerschiff
fest verankertes, un- oder bemanntes Schiff, das an gefährlichen Stellen außerhalb von Flussmündungen ankert und ein Leuchtfeuer ausstrahlt

Flagge
Schiffsfahne

flenzen
auspumpen

Flut
Steigen des Meerwassers im Gezeitenwechsel: höchster Stand (Hochwasser)

Freihafen
ein Hafengebiet, das zur Erleichterung des Überseehandels als eingezäuntes und unkontrolliertes Zollgebiet belassen wird; ausländische Waren können dort zollfrei gelagert werden und werden erst beim Verlassen des Freihafens zur Einfuhr in das Binnenland verzollt

H

Haken
ursprünglich nur der Haken am Ladebaum oder Kran zum Aufheben einer Last, gilt heute aber auch abgewandelt für ›Auf den Haken nehmen‹ für Abschleppen eines Schiffes durch einen starken **Schlepper**

Heck
hinterer Teil des Schiffes

Heckfänger
modernes Fischfangschiff, dessen Netz über eine Rampe am Heck hochgezogen wird

Helgen, Helling
Schiffbauplatz mit geneigter Ebene, auf welcher Schiffe gebaut und ins Wasser gelassen werden

hieven
Hereinholen des Netzes bzw. Heben von Lasten

Hochwasser
höchster Wasserstand im Gezeitenwechsel

K

Kai, Kaje
Hafenmauer

Kaptein, Käptn
Kapitän

Kiel
unterster Längsbalken/Eisenträger eines Schiffes; bei Segelyachten nach unten hinausragendes **Kielschwert,** je nach Bauart hochziehbar

Knoten
Angabe der Schiffsgeschwindigkeit in Seemeilen (je 1,852 km) pro Stunde

Koje
festeingebaute Schlafgelegenheit auf Schiffen

Kombüse
Bezeichnung der Schiffsküche, der Koch heißt **Smutje**

Kümo
Abkürzung für Küstenmotorschiff

Küper
Facharbeiter für Einfuhrwaren; sie prüfen die eingegangene Ware auf Schäden und Mängel, ziehen Muster und verwiegen, bevor die Freigabe an die Abnehmer erfolgt. Es gibt Küper für Kaffee, Tabak und Baumwolle

Kutter
kleines Motorschiff, das zum Fischfang eingesetzt wird – auch große, zum Rudern und Segeln eingerichtete Rettungsboote

L

Labskaus
seemännisches Gericht aus Pökelfleisch (oder Corned Beef), Zwiebeln und gestampften Kartoffeln, rote Bete sowie Spiegelei, Gurke und manchmal einem Rollmops

laden
Beladen eines Schiffes mit Fracht

Lee
die von Wind abgekehrte Seite des Schiffes

leichtern
Entladung des Schiffes, teilweise

Logbuch
Schiffstagebuch, wird vom Kapitän geführt

Logger
ein besonders in der Heringsfischerei benutzter Schiffstyp mit Motor und Hilfssegel für Treibnetzfang

Löschen
Entladen von Schiffen

Lotse
Steuermann, ein mit besonderem Befähigungsnachweis (Patent) versehener nautischer Beruf für die Schiffsführung der ein- und auslaufenden Schiffe in großen Häfen

Luckenviez
Hafenvorarbeiter, der das Be- und Entladen der Schiffe kontrolliert

Luv
die mit dem Wind zugewendete Seite eines Schiffes

M
N
P

MS
Motorschiff

NRT
Nettoregistertonne; ladefähiger, umbauter Raum eines Schiffes in Tonnen gemessen

Pier
Hafendamm oder Landungsbrücke, Kaimauer, auch Kaje genannt

Poller
Eisensockel zum Festmachen von Leinen auf den Schiffen und auf der Pier/Kaje

Prahm
Binnenschiff ohne eigenen Antrieb, auch ›Leichter‹ oder ›Schute‹ genannt

Prigge
Seezeichen im flachen Wasser, meistens junge Bäume oder eingesteckte starke Äste mit Zweigen

Priel
Wasserrinne des Wattenmeeres

R

Reede
geschützter Ankerplatz, z. B. in einer Bucht oder in einer Flussmündung

Reederei
Schifffahrtsunternehmen, der Besitzer nennt sich Reeder

Reling
Geländer auf dem Schiff

Ruder
Steuer eines Schiffes – **Rudergänger** wird der Seemann genannt, der das Schiff steuert

S

Schiffsmakler
ein Makler, der Schiffsraum, Liegeplätze, Ladungen usw. vermittelt

Schlepper

Kleines Motorschiff mit kräftiger Maschine zum Schleppen und Schieben von großen Schiffen

Schlick

bläulich-graue, mit Sand vermischte Tonerde des Watts, die aus organischen und mineralogischen Ablagerungen des Meeres besteht

Schuppen

Hafenspeicher für Warenlagerungen

Schute

siehe Prahm, auch Leichter genannt

Schwert

auch Kiel-Schwert genannt; unerlässlich für die Stabilität von Segelyachten

Seemannsknoten

17 verschiedene Knoten, mit denen Taue untereinander oder mit anderen Gegenständen verbunden werden

Seemeile

Eine Seemeile ist das gebräuchlichste Entfernungsmaß auf See; sie hat eine Länge von 1.852 Metern und stellt die Länge einer Äquatorialbogenminute dar. Die englische Landmeile ist kürzer

Signalflaggen

Ein Satz Signalflaggen entspricht in verschiedenen Farben den Buchstaben des Alphabets sowie den Zahlen 0–9. Durch Hochziehen (Setzen) der Flaggen in bestimmten Reihenfolgen oder Zusammensetzungen ergeben sich bis zu 70.000 Flaggensprüche = Signalverkehr auf Sichtweite

Smutje

Schiffskoch

Spundwand

wasserdichte Wand aus Spundbohlen, die mit Nut und Feder ineinandergreifend zur Uferbefestigung eingerammt werden; auch zum Absichern von Baugruben

Stapel

übereinander geschichtete Holz- oder Eisenklötze, auf denen das Schiff auf dem Helgen der Schiffswerft gebaut wird – ein Schiff ›auf Stapel legen‹

Stapellauf
das Hinabgleiten des Schiffsrumpfes von dem Helgen ins Wasser

stauen
Ladung im Schiffsraum unterbringen; **Stauer** heißen die Fachkräfte der im Hafen tätigen Stauereien

Stauerei
Unternehmen, welches das sachgemäße **Laden** und **Löschen** der Frachtschiffe betreibt

Steuerbord
rechte Seite des Schiffes in Fahrtrichtung; **grüne** Positionslampe

T

Tallymann
Hafenvorarbeiter, der die Be- und Entladung der Schiffe überwacht

Tampen
dickes Tau

Tdw
Tonnen dead-weight = totes Gewicht = Zuladung eines Schiffes in Tonnen

Tide
Eine Tide besteht aus Ebbe und Flut, der vollständigen Wasserstandswandlung von Niedrig- zum Hochwasser und wieder zurück zum Niedrigwasser. Die Tide umfasst einen halben Mondtag = 12 Stunden und 25 Minuten

Tidenhub
die Höhe der Wasserstandsänderung durch die Gezeiten

Tonnen
schwimmende Seezeichen zur Markierung von Fahrwasser, Untiefen, Wracks, Schießsperrgebieten und Seekabeln; man unterscheidet Heul-, Leucht-, Glocken und Bakentonnen

Trawler
moderne Fischfangschiffe mit Schleppnetz

U
W

Utkiek
Ausguck/Beobachtungsplatz

Watt
Seichtwasserküste in Gezeitenmeeren, besonders der Raum zwischen der Nordseeküste und den vorgelagerten Ost- und Westfriesischen Inseln. Während das Watt bei Ebbe zum großen Teil trocken liegt, wird es bei Flut vom Meerwasser überspült

Werft
Schiffsbaubetrieb

Windstärken

Die Windstärke wird in Zahlen von 0 bis 12 angegeben. So ist 0 Windstille, 5 eine frische Brise mit Wellenhöhe von 4 bis 5 Metern (Ozean) und 12 ein Orkan, der schwerste Verwüstungen an Land anrichtet und die Wellen über 12 Meter hochpeitscht

Wriggen

Bewegen eines Bootes mittels achterlichem Drehen des schräg gehaltenen Ruderblattes

Bremen: Stadt – Land – Sprache

Bremen, die große, traditionsreiche und zugleich moderne Hansestadt im Nordwesten Deutschlands. Das Bundesland ›Freie Hansestadt Bremen‹ besteht aus der Stadt Bremen und aus der etwa 55 km nördlich gelegenen Stadt Bremerhaven. Allerdings gehört das Überseehafengebiet bei Bremerhaven der Stadt Bremen und nicht dem Land. Bremen ist auch der dominierende Teil der Metropolregion Bremen/Oldenburg. In der Stadt Bremen ist der Sitz der Bürgerschaft (Landtag), des Senats (Landesregierung) und der meisten Behörden des Landes Bremen. Der Bürgermeister von Bremen (nicht OB!) ist zugleich Präsident des Senats der Freien Hansestadt Bremen und ›Erster unter Gleichen‹ bezüglich der Senatoren (Minister). Die Stadt Bremen ist die zweitgrößte Stadt in Norddeutschland (über 550.000 Einw.), deutlich nach Hamburg und noch vor Hannover, und besteht bereits seit über 1.200 Jahren.

Das Wappen der Freien Hansestadt Bremen zeigt auf rotem Grund einen schräg nach links aufgerichteten, mit dem Bart nach rechts gewandten silbernen Schlüssel gotischer Form (Bremer Schlüssel). Auf dem Schild ruht eine goldene Krone, welche über dem mit Edelsteinen geschmückten Reif fünf Zinken in Blattform zeigt (Mittleres Wappen). Beim Kleinen Wappen wird es lediglich ohne Krone abgebildet. Das Große Wappen hingegen hat zusätzlich eine Konsole, auf dem der Schild ruht, welches von zwei aufgerichteten, seitwärts schauenden Löwen mit den Vorderpranken gehalten wird. In der ›Verordnung, betreffend den Gebrauch des bremischen Staatswappens‹ vom 17.11.1891, wurde festgelegt, dass das Staatswappen ›auf Flaggen auch von Privaten gebraucht‹ werden darf, was noch heutzutage gilt.

Der Schlüssel wird bereits seit 1366 im Stadtsiegel von Bremen als Wappensymbol verwendet. Im Laufe der Jahrhunderte veränderte sich die Form des Schlüssels mehrmals. Weitere Details siehe: Das Wappen. Die Löwen des großen Wappens werden erstmals 1618 gezeigt. Im gleichen Jahr wurde mit dem Bau des noch heute stehenden alten Rathauses begonnen, der 1648 endete. In seiner heutigen Form geht das Symbol auf die Wappenordnung von 1891 zurück.

Die Bremer ›Speckflagge‹ ist die Bremer Landesflagge, dessen Aussehen mit ihren rot-weißen Streifen durchaus dem Speck ähnelt. Am Flaggenstock ist sie doppelt gewürfelt. Der Bremer Schlüssel ist das Herzstück der Flagge und das Zeichen des Heiligen Petrus, dem sog. Schutzpatron des Bremer Doms. Diese Flagge gilt seit über 200 Jahren, deren Farben sich an den alten Reichsfarben orientieren.

Die Bremer Stadtmusikanten existieren als Märchen, das im Umland von Bremen spielt. Es wurde von den Brüdern Grimm 1819 zum ersten Mal veröffentlicht und erzählt von vier Tieren (Hahn, Katze, Hund und Esel), die ihren Besitzern wegen ihres Alters nicht mehr nützlich sind und getötet werden sollen. Es gelingt den Tieren zu entkommen und sich unterwegs zufällig zu begegnen. Sie folgen dem Vorschlag des Esels, in Bremen Stadtmusikanten zu werden, und machen sich auf den Weg. Unterwegs müssen sie im Wald übernachten und entdecken dort ein kleines Haus. Die darin wohnenden Räuber werden von den Stadtmusikanten überrascht und mit lautem Geschrei verjagt. Somit übernehmen die vier das Haus. Den Bremer Stadtmusikanten gefällt es dort so gut, dass sie nicht weiterwandern wollen und dort bleiben. Der Gedanke der Tiere, sie könnten in Bremen Stadtmusikanten werden, weil ihnen trotz eines arbeitsreichen Lebens ein gewaltsamer Tod drohte, spricht für das (tatsächlich vorhandene) soziale Engagement der Bremer. Das Märchen ist weltweit bekannt und erfreut sich großer Beliebtheit. An der linken Seite des Bremer Rathauses steht seit 1953 eine Bronzestatue der Stadtmusikanten auf einem Sockel (Gesamthöhe ca. 3,5 Meter) von Gerhard Marcks. Viele Menschen glauben, dass ein Wunsch wahr wird, wenn die Vorderbeine des Esels umfasst werden und man sich dann etwas wünscht. Neben dem Bremer Roland sind die Bremer Stadtmusikanten das wichtigste Wahrzeichen der Stadt.

Der Bremer Roland wurde 1404 auf dem Marktplatz vor dem Bremer Rathaus errichtet, er ist das Wahrzeichen Bremens und hat eine Höhe von 5,50 Metern. Im Rücken wird es von einem gotisch ornamentierten Baldachin gekrönt. Dadurch wird eine Gesamthöhe von 10 Metern erreicht, wodurch der Bremer Roland die größte freistehende Plastik des deutschen Mittelalters ist.

Am 5. November feiern die Hansestädter den Geburtstag ihrer ›Freiheitsstatue‹. Erinnert wird damit an das Ende der mehrjährigen Besetzung der Stadt durch das napoleo-

nische Frankreich im November 1813. Jedes Jahr wird der Roland dann mit einem Blumenstrauß und der UNESCO-Fahne geschmückt.

Während des Bremer Freimarkts, der seit 1035 gefeiert wird, bekommt der Roland ein großes Lebkuchenherz aus Pappe und bunte Luftballons umgehängt.

Wie bei den einige Meter entfernt stehenden Stadtmusikanten gibt es auch für den Roland einen Brauch, der besagt, dass jemand, der ihm das Knie gerieben hat, nach Bremen zurückkehren wird. Auf dem Schild steht die kernige Bekundung:

›**vryheit do ik ju openbar/d' karl vnd m nich vorst vorwar/desser stede ghegheuen hat/des danket god' is m radt**‹ (Freiheit tu ich euch öffentlich kund/ die Karl und mancher Fürst fürwahr/dieser Stätte gegeben hat/dafür danket Gott, das ist mein Rat)

Der Bremer Dialekt ist eine Variante des Missingsch, ein im Raum Bremen-Hamburg vorkommender, niederdeutsch gefärbter Regiolekt des Deutschen. Wobei der Begriff Missingsch in Bremen fast nie, aber häufig in Hamburg für deren Heimatsprache verwendet wird. Die bremische Mundart ist eine Abwandlung des Hochdeutschen, hat starke Einflüsse aus dem Plattdeutschen und ist gekennzeichnet durch eine etwas ›verwaschene‹ Aussprache. Es wird oftmals genuschelt, zudem werden gerne Buchstaben und Wort-Endungen ›verschluckt‹, insbesondere beim schnellen Sprechen. Der ehemalige Bremer Bürgermeister Hans Koschnick (Amtszeit 1967–85) war ein unerreichter Meister darin, lange oder mehrere Wörter in einem ziemlich kurzen Wort zusammengefasst rasend schnell auszusprechen.

Nachfolgend einige Worte und Sätze zum Vergleich zwischen dem Hochdeutschen und dem Bremischen:

Hochdeutsche Worte	**Bremische Schnacks**
auseinander	außnanner
an die	anne
Birne	Börne
Bremen	Brem
Burg	Burch
Bürgerpark	Börgerpaak
Hausschuhe	Puschen
herum	umzu
in die	inne
Kirche	Körche
Kirsche	Körsche
Milch	Mülch
Putzlappen	Feudel
schon gut	da nich für
um die	umme
wunderbar	wunnerbor
Dafür kann ich nichts	Da kann ich nix für
Daran ist nichts zu ändern	Da mach was an sein
Ich gehe zu Karstadt	Ich geh nach Karstadt hin
Ich habe etwas verschüttet	Ich hab geplört
Ich mache einen Spaziergang	Ich geh um'n Pudding
Eilig gehen, laufen	scheesen
Heimlich, unbemerkt	Stickum
Woher kommst du?	Wo kommste wech?
Woher kenne ich Sie?	Wo kenn ich Ihnen durch?

Weitere typisch bremische Schnacks

Vorweg: ›Schnack‹ ist der Bremer Begriff für einzelne Worte oder Redewendungen und ›schnacken‹ meint unterhalten. Die Bremer/innen stolperten viele Jahrhunderte über den spitzen Stein. Inzwischen ist diese typisch bremische Ausdrucksweise nivelliert worden, viele Jüngere s-tolpern nicht mehr, sondern sch-tolpern nur noch, wie andere Deutsche. Aber da sind viele andere Wortschöpfungen und Sprachgewohnheiten wie: ›nach‹ statt ›zu‹. Beispiel: ›Zu Weihnachtn geh ich ümmer nach Muddi un Vaddi hin‹ oder ›Na, gehste inne Stadt?‹ Das Gleiche gilt für ›umzu‹ statt ›herum‹, Beispiele: ›Ich laufe lieber umzu‹ oder ›Da sind wir noch mal umzugekommen‹ oder – statt ›Bremen und die Nachbargemeinden‹ – wird ›Bremen und umzu‹ gesagt (›gesacht‹). Ein prominentes Beispiel für den Bremer Dialekt ist der Begriff ›Use Akschen‹, der ›Unsere Aktien‹(-gesellschaft) bedeutet. Damit ist der Verein ehemaliger Beschäftigter der einstigen Schiffswerft ›AG Weser‹ gemeint, die 1983 wegen Konkurses geschlossen und abgerissen wurde.

Sind Bremer/innen für einen kleinen Spaziergang unterwegs, so ›gehen sie mal ehm um'm Pudding‹. Wichtig ist auch der Ausspruch: ›Ischa Freimaak‹ für ›Es ist ja Freimarkt‹. Weiterhin sprechen viele Bremer ein ›i‹ oder ›ü‹ wie ein ›ö‹ aus: Körche statt Kirche, Körschen statt Kirschen usw. Auch wird das ›g‹ wie ein weiches ›ch‹ gesprochen, Beispiel: ›Burch‹ statt ›Burg‹. Die Abkürzungen von ›an die‹, ›in die‹ und ›um die‹ lauten: ›anne‹, ›inne‹ und ›umme‹. Beispiele: ›Wir zieh'n umme Häuser‹ oder ›Wir gehn aufn Swutsch‹. Der Stadtname ›Bremen‹ wird zudem von den meisten Bewohnern (und von den Leuten ›umzu‹) wie ›Breem‹, ›Bräm‹ oder ›Bremn‹ ausgesprochen.

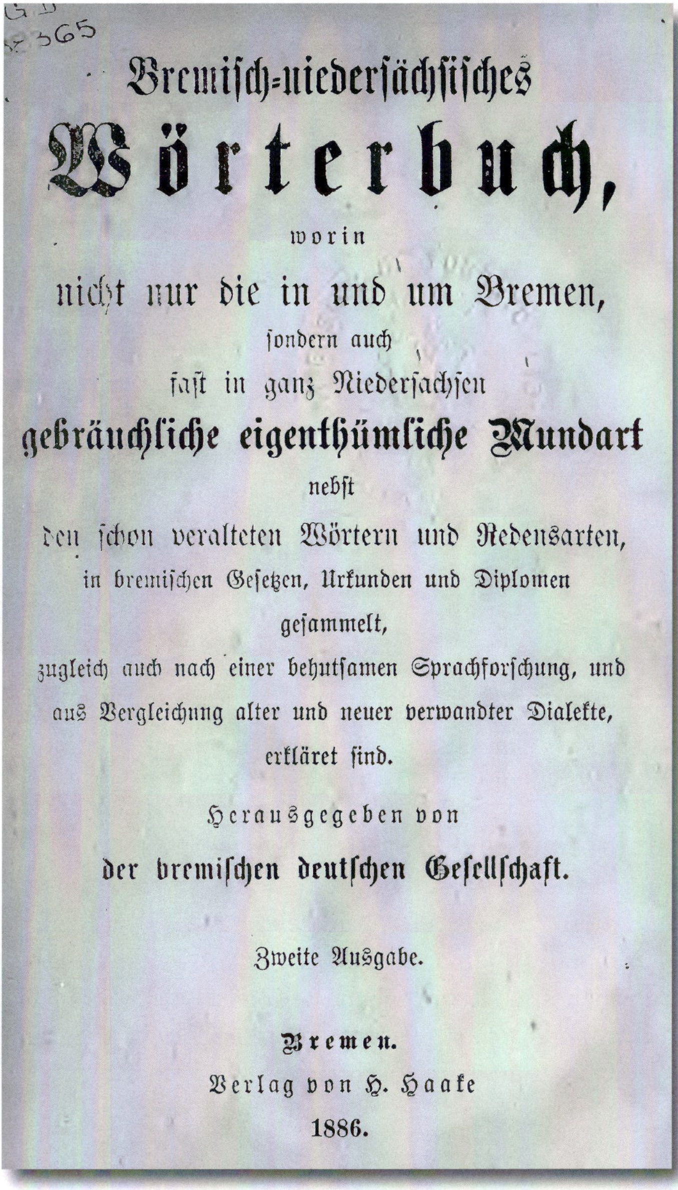

Bremisch-niedersächsisches

Wörterbuch,

worin

nicht nur die in und um Bremen,

sondern auch

fast in ganz Niedersachsen

gebräuchliche eigenthümliche Mundart

nebst

den schon veralteten Wörtern und Redensarten,

in bremischen Gesetzen, Urkunden und Diplomen

gesammelt,

zugleich auch nach einer behutsamen Sprachforschung, und

aus Vergleichung alter und neuer verwandter Dialekte,

erkläret sind.

Herausgegeben von

der bremischen deutschen Gesellschaft.

Zweite Ausgabe.

Bremen.

Verlag von H. Haake

1886.

Typisch Bremisch

Traditionelle alte Bräuche werden in der Hansestadt gerne gepflegt. Lesen Sie hier, warum manche Bremer/innen aufs Eis wetten, Freimarkt feiern, Pinkel essen und einmal im Leben die Domtreppen fegen. **Butenbremer** sind geborene Bremer, die (hoffentlich nur vorübergehend) nicht mehr in ihrer Heimatstadt wohnen. Sie vermissen die zahlreichen **Bremensien** und verfolgen das Geschehen im geliebten Bremen intensiv aus der nahen und weltweiten Ferne. Sie sind tüchtige, aber bescheidene Bürger/innen, die sich gerne und sehnsuchtsvoll zu Bremen bekennen, aber auch selbstbewusst auftreten:
Wir können alles – auch Bremisch sprechen.

Die Bremer und ihre ›Orden‹

Bremen achtet stets darauf, die Freiheit nach innen und außen zu bewahren. So gehört es zu den Traditionen eines Bremers, keine Orden anzunehmen. Das gilt auch noch heute für die Senatsmitglieder, denen aufgrund eines alten Senatsbeschlusses untersagt ist, Orden anzunehmen. Bremen verleiht keine Orden, nur Medaillen für Lebensretter und für diejenigen, die sich in Kunst und Wissenschaft besondere Verdienste erworben haben. Wegen besonderer Verdienste werden aber **Ehrenbürger/innen** ernannt.

Domtreppenfegen

Wenn ein Mann an seinem 30. Geburtstag noch unverheiratet ist, muss er mit einem Zylinder behütet und einem Besen versehen in Begleitung von Freunden und Kollegen zum Bremer Dom marschieren, dort unablässig die Domtreppen fegen, bis ein junges Mädchen den Feger mittels eines Kusses erlöst. Vor, während und nach der Fegezeremonie amüsieren sich die Zuschauer mit anregenden Getränken und Musik. Junge unverheiratete Frauen gleichen Alters müssen die Klinken des seitlichen Braut-Portals putzen, bis …

Nikolauslaufen

Am 6. Dezember macht sich die Jugend im Alter von ungefähr fünf bis zehn Jahren auf den Weg durch ihr jeweiliges Stadtviertel, um als Nikolaus verkleidet bei den Geschäftsleuten milde Gaben zu ergattern. Religiöse Absichten liegen dem nicht zugrunde. Die Prozedur wird vor jedem Laden mit einem Singsang begonnen. Die kleinen Geschenke bestehen z. B. aus Bonschen, Äpfeln und entsprechen teilweise dem jeweiligen Geschäftszweck: So geben Schlachter kleine Stücke Wurst und Bäcker kleine Brötchen. Hier nun der stadtbremische Nikolausspruch: *›Bün son lütten König, gif mi nich so wenich, lot mi nich so lange stohn, denn ich muss noch widergohn.‹ – ›Halli, halli, hallo, so geit in Bremen to.‹*

Der Freimarkt – ›Ischa Freimaak‹

Die Bremer/innen bezeichnen den jeweils im Oktober stattfindenden Jahrmarkt als ihre ›fünfte Jahreszeit‹ und feiern diese ebenso inbrünstig wie die Rheinländer ihren Karneval: mit Umzügen, mit der Aufhebung der polizeilichen Sperrstunde und mit der wunderbaren Wandlung des gemeinhin seriösen Bremers in einen Zustand der Fröhlichkeit und Lebenslust. Der Freimarkt ist das größte Traditionsfest des Nordens mit je ca. vier Millionen Besuchern und das älteste in Deutschland. In dem 2010 zum 975. Jubiläum erschienenen Buch ›Der Bremer Freimarkt‹ hat Johann-Günther König den Werdegang des Freimarktes bestens beschrieben, ergänzt mit zahlreichen historischen Postkarten zum Freimarktsgeschehen. *www.freimarkt.de*

Kohl-und-Pinkel-Fahrten

Im Winter wird das Nationalgericht der Bremer/innen zubereitet und schon mancher Butenbremer kehrte aus diesem Grund temporär in der kalten Jahreszeit zurück. Kassler, Kochwurst, Speck, Pinkel und Braunkohl, der außerhalb von Bremen unter Grünkohl bekannt ist, bilden zusammen das Leibgericht eines echten Bremers. Mit dem ersten Frost und dem Buß- und Bettag beginnt die Kohl-und-Pinkel-Zeit und damit auch eine über 150 Jahre alte Tradition: die im Winter stattfindenden Kohl-und-Pinkel-Fahrten. Ausflüge in die Bremer Umgebung, mehr oder weniger lange Spaziergänge, Bier und Korn und natürlich zum Schluss das Nationalgericht, in einer großen Gastwirtschaft serviert, bilden die Basis. Wer am längsten gegessen hat, erhält den ›Fressorden‹ der jeweiligen Behörde, Firma oder Vereinigung, denn gewandert und gegessen wird das Traditionsmahl vorwiegend mit Freunden und Kollegen.

Die Schaffermahlzeit

Teilnehmer sind Männer in festlicher Kleidung (Frack oder Uniform), die nur einmal in ihrem Leben dabei sein dürfen, sofern sie keine Bremer sind. Dieses ›Schaffermahl‹ ist das älteste Brudermahl der Welt und wird in Bremen seit 1545 ausgerichtet. An Neptuns Tafel, in der Form seines Dreizacks, versammeln sich in der Oberen Rathaushalle alljährlich am zweiten Freitag im Februar rund 300 Kaufleute, Reeder und Kapitäne, um mit ihren Geschäftspartnern aus aller Welt das Ende des Winters und den Beginn einer neuen Geschäftssaison zu feiern. Ebenfalls seit 1545 unabänderlich festgelegt: die Speise- und Getränkefolge, die den Teilnehmern bis 22 Uhr serviert wird. *1. Gang:* Bremer Hühnersuppe – Erste Rede des ersten Schaffers – Erste Rede des zweiten Schaffers – Dritte Strophe des Deutsch-

landliedes • 2. *Gang:* Stockfisch, Senfsauce, Salzkartoffeln – Erste Rede des dritten Schaffers • 3. *Gang:* Seefahrtsbier. Es ist dickflüssig, süß und alkoholfrei! – Zweite Rede des ersten Schaffers • 4. *Gang:* Braunkohl, Pinkel, Rauchfleisch, Maronen, Bratkartoffeln – Zweite Rede des zweiten Schaffers – Sammelrede des Verwaltenden Vorstehers – **Sammlung für den Veranstalter ›Stiftung Haus Seefahrt‹** • 5. *Gang:* Kalbsbraten, Selleriesalat, Katharinenpflaumen, gedämpfte Äpfel – Rede des Kapitänsschaffers – Zweite Rede des dritten Schaffers – Dritte Rede des ersten Schaffers – Dankrede des Verwaltenden Vorstehers • 6. *Gang:* Rigaer Butt, Sardellen, Wurst, Zunge, Chester- und Rahmkäse, Fruchtkorb – Damenrede eines Kapitäns – Rede des Ehrengastes – Tonpfeifen und Tabak – Kaffee/Mokka. Jüngst war erstmalig eine Frau dabei: als Kapitänin.
www.schaffermahlzeit.de

Die Eiswette

Seit über 60 Jahren friert die Weser nicht mehr zu. Der begradigte Fluss fließt zu schnell. Trotzdem treffen sich jeweils am 6. Januar um 12 Uhr auf dem Osterdeich beim Sielwall (Punkendeich) seriöse, mit Zylindern behütete Kaufleute, werfen Steine ins Wasser und lassen von einem Notar beurkunden, ob die Weser steht oder geht. Zehn Tage später treffen sich die Eiswettgenossen zum Eiswettessen. Zur Tradition

gehört auch, dass ein 99 Pfund schwerer Schneider samt einem heißen Bügeleisen um 12 Uhr versucht, über die evtl. zugefrorene Weser zu gehen. Er prüft, ob die Weser ›geiht oder steiht‹. Vor rund 200 Jahren war das wichtig, denn eine zugefrorene Weser bedeutete eingeschränkten Handel per Schifffahrt.

Aus dieser Wette entwickelte sich die ›Eiswette von 1829‹. Das Wettergebnis wird heutzutage per Los entschieden, womit der Zweck des Unternehmens erfüllt ist: Die drei jährlich ausgelosten ›Verlierer‹ bezahlen alles: die Eiswette und das Festmahl für über 700 Honoratioren, das stets im Januar stattfindet. Teilnehmer sind die Mitglieder des Eiswettvereins und ihre geladenen Gäste, darunter viele auswärtige Gäste, denn auch dieses festliche Essen dient vornehmlich geschäftlichen Kontakten und wird nur durch die offiziellen ›RauPiPau‹ (Rauch- und Pinkelpausen) unterbrochen. Zum Schluss wird für die ›**Gesellschaft zur Rettung Schiffbrüchiger**‹ gesammelt, die in Bremen ihren Sitz hat, wobei jährlich etliche hunderttausend Euro gespendet werden. *www.eiswette.de*

Das Bremer Tabak-Collegium

Zwar steht das Rauchen mittels langer Tonpfeifen derzeit nicht mehr im Vordergrund der Zusammenkünfte, aber diese nach dem Zweiten Weltkrieg von Bremer Kaufleuten gegründete Gesprächsrunde zu aktuellen Themen der Zeitgeschichte mit Persönlichkeiten aus Kultur, Wissenschaft, Wirtschaft und Politik wirkt und wirbt effektiv, aber hanseatisch zurückhaltend für Bremen.

Die Collegien werden dreimal im Jahr an stets wechselnden Orten in Deutschland sowie in

EU-Staaten veranstaltet. Nur das Jahresschlusskollegium findet in jedem Jahr im Bremer Rathaus statt. Gefördert wurde das Collegium einst durch die Tabakfirma Martin Brinkmann. Heute gewährleistet das ein Förderkreis, der nach hanseatischer Tradition unbenannt bleibt. Es gibt weder Statuten noch Ämter, nur das kleine Gremium, bestehend aus zehn Persönlichkeiten und einem inoffiziellen, wechselnden Sprecher.

Der Verlauf des Festmahls ist stets gleich und in drei Abfolgen gegliedert. A: Stehempfang mit informellen Gesprächen. B: Das frugale Abendbrot mit der Rede des jeweiligen Sprechers. Das Essen ist bescheiden: Man tafelt herzhaft nach bremischer Art mit Schwarzbrot und Fisch, Katenschinken und guter Wurst, dazu gibt es Bier und Korn sowie Bordeaux-Wein. C: Übergang in die Halle, wo in langen Sesselreihen an kleinen Tischen Platz genommen wird. Es folgt die Rede einer bedeutenden Persönlichkeit. Während der Collegiumsrunde darf geraucht werden.

Das Tabak-Collegium ist eine reine Herrenrunde, welche sich der Pflege bremischer Tradition und Kultur verpflichtet fühlt. Festliche Kleidung (Smoking oder Uniform) gehören zur Etikette. Allerdings durfte Finanzsenatorin Karoline Linnert 2007 die Gastrede halten, und bei anderen Collegien mit weiblichen Hausherren dürfen auch diese teilnehmen. Es gibt keinen festen Teilnehmerkreis. Über die einzuladenden ca. 150 Gäste aus Bremen, der

Seefahrt sowie aus anderen Wirtschaftskreisen und der Politik entscheidet jährlich das kleine Gremium.

Die Collegien finden seit Anfang der 1970er Jahre auch außerhalb von Bremen statt, wie 1995 im Warschauer Königsschloss, 2000 in der DG-Bank am Pariser Platz in Berlin, 2006 im Bundesverwaltungsgericht in Leipzig, 2007 im Berliner Rathaus, 2009 im Schloss Troja zu Prag, um dort erfolgreich für Bremen zu werben. *www.bremertabakcollegium.de*

Curry-Essen des Ostasiatischen Vereins

Der Ostasiatische Verein (OAV) wurde am 17. Januar 1901 im Essighaus an der Bremer Langenstraße von zehn Kaufleuten gegründet. Um die Erinnerung an ihre Zeit in Ostasien zu bewahren und die Verbindungen mit den dort lebenden Freunden aufrechtzuerhalten, wurde beschlossen, jährlich im Winter eine Zusammenkunft mit gesellschaftlichem Dinner als **Stiftungsfest** mit einem tradtionellen Curry-Essen zu begehen. Gereicht werden Glasnudel-Salat mit Garnelen, Wan-Tan-Suppe, Curry vom Huhn mit diversen Beilagen und exotisches Obst mit Mango-Sorbet. An Getränken gibt es guten Bordeaux, aus Japan einen Pflaumenaperitif, Pink Gin und Tsingtao, ein Bier aus der Volksrepublik China sowie ausgewählte Sumatra-Zigarren. Das gilt bis heute, um die bestehenden Geschäftsverbindungen im pazifisch-asiatischen Raum zu festigen. Auch reisen dann stets zahlreiche Botschafter aus Ostasien in die Hansestadt, um an diesem wichtigen Ereignis teilzunehmen. Die 110. Auflage des Festmahls fand 2011 im altehrwürdigen Bremer Rathaus statt, an dem rund 400 Gäste teilnahmen.

Bremer Spezialitäten

Babbeler

Lutschstange aus Sirup und Pfefferminzöl, die in Pergament eingewickelt wird. Es ist die erste und wohl einzige Anti-Husten-Lutschstange der Welt, erfunden 1886 von dem Utbremer Konditormeister Albert Friedrich Bruns. Diese Zuckerstange heißt so, weil sie zum Genuss ständig im Mund (Plattdeutsch: ›Babbel‹) belassen werden muss. Babbeler gibt es in etlichen Bremer Apotheken, Drogerien, Kiosken, Reformhäusern und Teeläden zu kaufen.

Braunkohl

Vorwiegend als Kohl-und-Pinkel-Mahlzeit bekannt, hat dieses norddeutsche Gericht für die Bremer/innen etliche besondere Bedeutungen. Ab dem Buß- und Bettag gibt es das Nationalgericht: Kassler, Kochwurst, Speck, Pinkel, Kartoffeln und der Braunkohl, außerhalb von Bremen unter Grünkohl bekannt. Jede/r vierte Bremer/in gibt diese Speise als Lieblingsessen an. ›Smeckt opwarmt beter as bin ersten Mol.‹ Hinzu kommen die Ausflüge ins Grüne: Die beliebten Kohl- und Pinkelfahrten mit viel Bier und Schnaps.

Bremer Klaben

Eine weitere Bremer Spezialität ist der Bremer Klaben. Er besteht aus Mehl, Butter, Schmalz, Rosinen, Korinthen, Zucker, Milch, Hefe, Mandeln, Sukkade, Kardamon, Salz, abgeriebenen Zitronen und Rosenwasser. Er wird dick bestrichen mit Butter verspeist. Seit 2010 darf nur der in Bremen und naher Umgebung hergestellte als ›Bremer Klaben‹ bezeichnet werden. In Dresden und anderen Gegenden wird ein ähnliches Gebäck als ›Stollen‹ angeboten.

Bremer Kaffeebrot

Es besteht aus Weißbrot mit Butter, Zucker und Zimt. Eine Seite wird mit flüssiger Butter bestrichen und dann mit der gezuckerten Seite nach oben auf ein Blech gelegt und geröstet. Kaffeebrot wird als Gebäck in den Kaffee getunkt und genüsslich verspeist. Eine schlichte, aber beliebte Süßigkeit.

Bremer Kluten

Viereckiger, kurzer Pfefferminzzuckerstab, der zur Hälfte mit Schokolade bedeckt ist und besonders gern von Kindern und Jugendlichen verzehrt wird.

Bremer Kükenragout

Zartes Hühnerfleich von jungen Hühnern (auch Stubenküken genannt), angereichert mit Flusskrebsen oder Nordseekrabben (Granat) sowie kleinen Hackbällchen aus Kalbsfleisch, Champignons und Spargel, serviert mit Croutons und Reis, steht in vielen Bremer Traditionsgaststätten auf der Speisekarte.

Bremer Zwieback

Es gibt ihn nur noch in Bremer Bäckereien, z. B. bei Schnarre, nicht in den Filialbetrieben, weil die Herstellung nicht maschinell erfolgen kann. Dieses sechseckige Gebäck wird in der Mitte zerteilt und getoastet. Schmeckt unvergleichlich gut.

Knipp

Durchgedrehtes Schweinefleisch mit Hafergrütze vermengt und mit Zwiebeln verfeinert, gut gewürzt, intensiv gebraten, serviert mit Bratkartoffeln und Gurke oder eingelegtem Kürbis. Einstiges ›Arme-Leute-Essen‹, heutzutage ganzjährig eine gern in Bremen und umzu gegessene Spezialität.

Labskaus

Gepökeltes Rindfleisch oder Corned Beef, mit Zwiebeln, roter Bete und Kartoffeln, alles durch den Wolf gedreht, mit je einem Spiegelei, Rollmops und Salzgurken serviert. Dieses einstige Seemannsessen wird ganzjährig in sehr vielen gutbürgerlichen Speiserestaurants auch in Bremen angeboten und gerne bestellt.

Titelbild: Roland vor dem Rathaus (Jörg Michaelis)
Seite 2: Klaus Kellner
Seite 6: Altbremer Häuser (KellnerVerlag)
Seite 8: Teerhof um 1935
Seite 9: Freimarkt vor Liebfrauenkirche (Henning Höpken)
Seite 10: Wallmühle 1807
Seite 11: Die Wallmühle (Helga Kohl)
Seite 12: Villa an der Lesum (KellnerVerlag)
Seite 13: Blaubeeren (Marina Lilienthal, DM)
Seite 14: Bunker Hans-Böckler-Straße
Seite 16: Bremer Kluten (Marina Lilienthal, DM)
Seite 19: Eingang Böttcherstraße (KellnerVerlag)
Seite 20: Der alte Hafen an der Schlachte 1844
Seite 23: Hansekogge ›Roland von Bremen‹ (Manuel Dotzauer)
Seite 24: Blick auf die alte Weserbrücke 1771
Seite 27: Rathaus Bremen (Klaus Kellner)
Seite 29: Die Obernstraße 1844
Seite 30: Martinikirche direkt an der Weser
Seite 31: Marktplatz Bremen (Helga Kohl)
Seite 32: Kulturzentrum Schlachthof 1981
Seite 34: Hauptbahnhof mit Straßenbahn (KellnerVerlag)
Seite 36: Rathaus, Dom, Börse 1864
Seite 39: Otjen Alldag Denkmal im Schnoor (Helga Kohl)
Seite 42: Ring (M. Lilienthal, DM)
Seite 43: Das Gewerbehaus 1861
Seite 44: Im Deutschen Auswandererhaus
Seite 45: Kornglas (M. Lilienthal, DM)
Seite 46: Marktplatz (Klaus Kellner)
Seite 48: Brauereiwagen (KellnerVerlag)
Seite 51: Das Ostertor 1810
Seite 53: Anti – Kolonialdenkmal Elefant (Helga Kohl)
Seite 55: Typische Altbremer Häuser (KellnerVerlag)
Seite 56: Friseurscheren (Marina Lilienthal, DM)
Seite 57: Borgward Isabella (Klaus Kellner)
Seite 58: Eröffnung der Matjessaison 2004 (Horst Fredersdorf)
Seite 61: Der Schnoor (KellnerVerlag)
Seite 62: Das Steintor 1865
Seite 65: Die BREMEN in der Bremenhalle (Helga Kohl)
Seite 67: Blick auf den Theaterberg 1807
Seite 69: Martini-Anleger am Weserufer (KellnerVerlag)
Seite 71: Fährhaus am Osterdeich 1863 /Sielwall
Seite 73: Die Böttcherstraße (KellnerVerlag)
Seite 75: Bremen-Flagge (Jutta Langer)
Seite 77: Bremen aus der Vogelschau 1850
Seite 79: Museumshafen in Bremerhaven (Klaus Kellner)
Seite 80: Containerterminal Bremerhaven (bremenports)
Seite 83: Die Schlachte, der alte Bremer Hafen 1862
Seite 84: Der Neptunbrunnen auf dem Domshof (Helga Kohl)
Seite 87: Speicher XI im ehemaligen Überseehafen (Helga Kohl)
Seite 88: Überseehafen Bremen 1980 (KellnerVerlag)
Seite 91: Ebbe im Watt (Meike Kramer)
Seite 94: Die Bremer Stadtmusikanten (KellnerVerlag)
Seite 95: Der Roland (Klaus Kellner)
Seite 99: Bremisch-niedersächsisches Wörterbuch
Seite 101: Domtreppen fegen (KellnerVerlag)
Seite 102: Die original Sengstakes 2010 (Klaus Kellner)
Seite 103: Portal des Hauses Seefahrt 1663
Seite 104: Die Eiswette (KellnerVerlag)
Seite 106: Das Tabak-Collegium (Klaus Kellner)
Seite 108: Bremer Babbeler (Marina Lilienthal, DM)
Seite 109: Bremer Klaben (pixelio)
Seite 109: Bremer Kluten (Marina Lilienthal, DM)
Seite 110: Labskaus (pixelio)

Alltagssprache Bremisch

Vielen Bremern ist nicht täglich bewusst, dass sie spezielle Worte und Sätze sagen, die typisch bremisch sind, weil dies ihre normale Alltagssprache ist. In diesem Buch werden viele dieser Begriffe und Redewendungen, also ›Schnacks‹, veröffentlicht, die kennzeichnen, was Bremisch meint. Manche Leser/innen sind erstaunt, andere freuen sich und wollen gerne etwas beitragen, um das Bremische umfangreicher erläutert erkennbar zu machen.

Aufruf: Noch mehr Schnacks, bitte.

Zusätzliche Redewendungen und Wörter sind herzlich willkommen, ebenso Mitteilungen über andere Schreibweisen sowie zusätzliche, z. B. historische oder abweichende Erläuterungen der hierin veröffentlichten Schnacks.
Senden Sie bitte Ihre Meinungen und Informationen an den KellnerVerlag, gerne mit Bildern ergänzt.

Damit wird die nächste Auflage erweitert. Die Einsender/innen, deren Hinweise veröffentlicht wurden, erhalten ein Exemplar der Neuauflage zum Subskriptionspreis. Damit dies mitgeteilt werden kann, wird um Angabe der Post- oder eMail-Adresse gebeten.

Herzlich dankt: Klaus Kellner

Ihre Hinweise senden Sie bitte an:
KellnerVerlag, St.-Pauli-Deich 3, 28199 Bremen
Telefon 0421·77 8 66, Telefax 0421·70 40 58
info@kellnerverlag.de, www.kellnerverlag.de